国家管网集团北京管道有限公司管理创新成果集：2019—2023年

国家管网集团北京管道有限公司　编

石油工业出版社

内 容 提 要

本书汇集了国家管网集团北京管道有限公司2019—2023年在目标成果、安全运营、核心竞争力、保障措施等4个方面的管理成果，以公司“1123”发展战略为基本脉络撰写“专题报告”，侧重五年管理经验的提炼升华，强调对未来工作的指导性作用。

本书可供油气储运领域管理人员及高等院校相关专业师生参考使用。

图书在版编目（CIP）数据

国家管网集团北京管道有限公司管理创新成果集：2019—2023年 / 国家管网集团北京管道有限公司编. —北京：石油工业出版社，2024.9

ISBN 978-7-5183-6578-4

Ⅰ. ①国… Ⅱ. ①国… Ⅲ. ①石油管道 - 工业企业管理 - 成果 - 汇编 - 中国 -2019-2023 Ⅳ. ① F426.22

中国国家版本馆CIP数据核字（2024）第053498号

出版发行：石油工业出版社
（北京安定门外安华里2区1号 100011）
网 址：www.petropub.com
编辑部：（010）64523757
图书营销中心：（010）64523633
经 销：全国新华书店
印 刷：北京九州迅驰传媒文化有限公司

2024年9月第1版 2024年9月第1次印刷
787×1092毫米 开本：1/16 印张：11.25
字数：200千字

定价：100.00元
（如出现印装质量问题，我社图书营销中心负责调换）

《国家管网集团北京管道有限公司管理创新成果集：2019—2023年》

编委会

#《国家管网集团北京管道有限公司管理创新成果集：2019—2023年》

编 写 组

（按姓氏笔画排序）

于铃人 王 昕 王 洲 延春雨 刘 静 刘一函

刘文泉 刘贺子 许 洁 孙 凯 孙佳星 杜世勇

李 洁 李子欣 杨 华 杨云超 宋 烨 张 栩

张 磊 张旭东 张海军 张慧雨 周永涛 胡 琨

侯志博 侯继宁 祖冠男 姚 瑶 高克博 郭 川

董秦龙 樊 岳

PREFACE

前言

知往鉴今谋发展，励行致远启征程。过去的五年，是国家管网集团从筹备成立到成功迈上高质量发展步伐的五年，也是北京管道公司应对重大挑战、经受重大考验、极不平凡的五年。北京管道公司坚持以习近平新时代中国特色社会主义思想为指导，全面落实习近平总书记关于国有企业改革发展和党的建设的重要论述，深入践行“四个革命、一个合作”能源安全新战略，坚持把公司改革发展融入国家油气体制改革之中，坚决落实集团公司党组决策部署，以“1123”发展战略为引领，团结带领广大干部员工沉着应对各种复杂形势，以“空杯心态”和“二次创业”姿态开启了国家管网事业新征程，为稳定宏观经济大盘、保障国家能源安全、服务社会民生作出了积极贡献。

为展示北京管道公司五载发展历程和躬耕硕果，形成可复制、可推广的经验，激发员工责任感和使命感，增强公司凝聚力和向心力，激励广大干部员工踔厉奋发、勇毅前行，北京管道公司从“管理”和“技术”两个方面编制了创新成果集，充分体现五年来公司在管理创新和技术实践上取得的成就。

本书分为《铁笔写春秋·管理创新成果集》和《科技赢未来·技术创新成果集》两部分。其中，管理创新成果集分设目标成果、安全运营、核心竞争力、保障措施等 4 个篇章，技术创新成果集分为完整性技术、工艺安全技术、机械设备技术、自动化技术、维抢修技术、工程建设技术等 6 个篇章。北京管道公司市场部、生产运营部、管道部、工程管理部、科技数字部，质量健康安全环保部、物资管理部、办公室、人力资源部、党群宣传部、规划计划部、财务资产部、综合监督部、纪委办公室、陕西输油气分公司、山西输油气分公司、北京输油气分公司、石家庄输油气分公司、河北输油气分公司、内蒙古输油气分公司、天津输油气分公司、维抢修分公司、管道工程建设项目部、技术研究中心、汇园公司等参与了本书的编写工作。

由于本书涉及领域广泛，编者的水平也有限，因此书中内容难免有错误和疏漏之处，恳请专家和读者批评指正。

CONTENTS

目录

深耕五载服务首善之地 铁笔疾书续写时代答卷

知往鉴今谋发展，励行致远启征程。过去的五年，是国家管网集团从筹备成立到成功迈上高质量发展步伐的五年，也是北京管道公司应对重大挑战、经受重大考验、极不平凡的五年。公司坚持以习近平新时代中国特色社会主义思想为指导，全面落实习近平总书记关于国有企业改革发展和党的建设的重要论述，深入践行"四个革命、一个合作"能源安全新战略，坚持把公司改革发展融入国家油气体制改革之中，坚决落实国家石油天然气管网集团有限公司（以下简称集团公司）决策部署，以"1123"发展战略为引领，团结带领广大干部员工沉着应对各种复杂形势，以"空杯心态"和"二次创业"姿态开启了国家管网事业新征程，为稳定宏观经济大盘、保障国家能源安全、服务社会民生作出了积极贡献。为展示公司五载发展历程和躬耕硕果，形成可复制、可推广的经验，公司计划集众智、聚群力，开展"回眸五年·再出发"系列活动，编制管理成果集和技术成果集，激发员工责任感和使命感，增强公司凝聚力和向心力，激励广大干部员工踔厉奋发、勇毅前行。

这五年，我们深入践行"坚定不移把国有企业做强做优做大"要求，发展基础进一步夯实。始终坚持把牢战略方向，聚焦主业主责，以战斗姿态、进攻姿态、扩张姿态，全面落实集团公司决策部署，在安全上精准发力、市场上精准开拓、管理上精准提升、改革上精准施策，坚决打好安全生产、市场开拓、改革创新、工程建设、"一张网"运营"五大攻坚战"。一是公司坚持谋大势、谋全局、谋发展，每年定期召开业务发展研讨会，坚持以"1123"发展战略为引领，致力于建设行业领先的专业化管道公司，聚焦安全平稳高效运营中心任务，大力提升人才队伍、企业文化两大核心竞争力，不断夯实党的建设、管理创新、科技创新三大保障，成为引领公司高质量发展的行动纲领和激励全体员工团结奋斗的共识。过去几年的实践证明，“1123”发展战略能够引领保障公司高质量发展，必须保持战略的长期性、稳定性，同时也要结合新形势、新任务、新要求，不断与时俱进、完善调整。二是推动发展方式由“投资驱动”向“创新驱动”转变。改变了过去主要依靠新建管道的投资驱动方式，致力于深化“1123”发展战略，制定出台体系融合、简政放权、区域化管理、标准化建设、三项制度改革等一批改革方案，有效应对了管输价格下调、输气结构“东升西降”、投资强度下降等不利因素影响，公司营业收入、利润总额走出了“V”形曲线。三是中心工作由“运行”向“运营”转变。推动由“生产运行”向“经营型”企业转型，实现了从“只管中间、不管两头”到主动走近上下游市场、服务上下游客户，形成了以管道安全平稳高效运营为核心，辐射市场开发、工程建设、运行维护、员工培训、技术创新、贸易计量、招投标的全业务链结构。四是员工队伍由“甲乙方”向“主人翁”转变。打破身份界限，推行员工身份并轨制管理，实现劳动用工从“身份管理”向“岗位管理”转变；打破平均主义“大锅饭”，实施全员绩效管理，实现收入增减与贡献大小同向联动；树立正向激励“风向标”，搭建四支队伍序列并行的岗位管理体系，畅通发展通道，为各类人才提供了广阔发展平台。五是先后建成投运陕京四线及配套增压、互联互通等一批重点工程项目，并加快自动控制系统升级改造，陕京四线成为集团公司第一条压气站场“一键启停”干线管线，陕京管道系统总里程由 4094 千米增至 5584 千米，输配气能力大幅提高，天然气运行更加灵活，系统供气量屡创新高，有力保障了能源安全。

这五年，我们深入践行“四个革命、一个合作”能源安全新战略，综合实力更加凸显。一是坚持把公司改革发展融入国家油气体制改革之中，精准分析研判新形势新任务新要求，成立市场部、生产调度中心、输油气分公司、管道工程建设项目部、技术研究中心、国家石油天然气大流量计量站北京分站，建设东部运维中心；统筹东部运维中心、技术研究中心、国家石油天然气大流量计量站北京分站发展，发挥汇园公司平台作用，提升技术服务运营能力，将包括自控、计量在内的运维管理“软实力”转化为增收创效“硬举措”；大力推进生产调度中心“五大功能”建设，完成生产监视功能建设、压缩机综合报警、管道泄漏监测实施报警和试点区域综合安防接入。二是与中国石油大学（北京）、中国石油集团工程材料研究院、讯腾科技公司等开展战略合作，推动人才培养、科研攻关共建共享，逐步形成以管道安全运营为核心，涵盖市场开发、工程建设、运行维护、员工培训、技术创新、贸易计量的全业务链架构，整体优势显著提升。三是聚焦优化增效、提质增效和经营增效，持续加大对上衔接力度，争取更多支持。深入推进按需维保、自主维保，明确定额维修范围及分配机制，实现维修额度定额管理。开展分输站场模块化、橇装化建站设计工作，强化第三方出资改线项目成本管理，提升项目“全生命周期”管理质效。拓宽库存管理思路，形成多措并举管理机制，有效压减库存规模。按照“增人不增资、减人不减资”原则，强化业务外包管理，优化调整业务外包人员，提升投入产出效率，严控非必要支出。四是推进精益会计核算和财务管理数字化，组织做好成本监审迎审工作，抓紧资产转资，成本费用应纳尽纳，最大限度降低管输价格调整对公司影响。五是对标对表国家管网集团“三个服务”“两大一新”“四大战略”“四大体系”和“十四五”发展规划，高起点编制实施公司“十四五”发展规划，认真谋划2023—2027年滚动规划，为服务和融入新发展格局奠定了基础，实现了“划转虽晚但走在前列”的目标。

这五年，我们深入践行“习近平总书记关于安全生产的重要论述”，安全环保形势持续向好。坚持安全生产先于一切、高于一切、重于一切的理念。一是以管道完整性管理为主线、以风险管控为核心，落实风险分级管控和隐患排查治理双重预防机制，强化隐患问题排查与整治。以安全生产专项整治三年行动为抓手，深入开展风险分级管控和隐患排查治理双重预防机制建设，推进各环节、各领域安全隐患大排查大整治。以资产完整性管理为契机，融入精准管理，健全设备全生命周期的完整性管理体系。二是压紧压实安全生产主体责任，强化与沿线政府的协同联动，全面消减违章占压、环焊缝排查等重大隐患；实施陕京二线兴县原家坪、蔡家崖、李家湾段，陕京二、三线雄商高铁任丘站段和千树塔煤矿等管道迁改工作，进一步提高管道本质安全水平。加大环保违法违规查处力度，开展管道沿线周边环境敏感点风险评估，做好新风险的应对与管控。组织落实风险挂牌监督与隐患挂牌督导工作，动态更新“隐患清单”和“制度措施清单”，进一步消减隐患问题。三是推行尖兵和导师团队动态管理，健全各层级安全生产责任制，形成横向岗位间责任边界清晰、无盲区，纵向业务线条责任层层分解、上下衔接的HSE管理体系。聚焦员工“三种能力”建设，建立岗前技能鉴定—在岗能力评估—技能竞赛的分层级培训考核机制。以安全自主管理为目标，制定管理、专业、技术、技能不同序列的安全环保能力履职评估标准，并将考核评价结果作为干部任职、岗位晋升的参考依据，提升员工能力素质。承接集团公司体系文件转化，组建公司审核员队伍，聚焦安全核心，改进审核方式，加大审核深度。加强现场作业管理，严守“十大禁令”、持续完善并认真落实“一票两卡”。严格承包商监管，在合同中落实各方安全责任，完善项目管理网格化安全责任体系；全面实施承包商量化考核，完善“黑名单”和黄牌警示制度。四是持续推动标准化作业区达标晋级和示范作业区建设，突出“岗位作业标准化”，“上标准岗、干标准活”成为广大员工共识。做实冬季保供“驻站跟班”，带动一线员工不断增强“我要安全”的责任心和“我会安全”的硬本领。开展培训“走出去”、经验“引进来”，加强安全管理人员的培训考核，推进专业考核常态化。将国家注册安全工程师资格作为各级安全专职管理人员的必备条件，进一步加大安全专职管理人员的持证比例。五是完善生产调度中心、压缩机维保、管道巡护、高后果区和维抢修队伍等5个专项标准化建设，实现标准化全覆盖，公司区域化、标准化建设成果在全集团进行线上观摩和推广；扎实推进升级管理、“三湾改编”、安全生产专项整治三年行动和QHSE体系量化审核，加强企地联演联训，常态化开展“大讨论、大排查、大反思”活动，安全环保基础持续巩固，未发生一般及以上安全生产、环境污染、生态破坏和网络安全事故，管道本质安全水平显著提升。

这五年，我们深入践行“国有企业是国民经济发展的中坚力量”要求，坚定履行“三大责任”。面对宏观经济下行、管输价格调整、发展拐点提前到来等严峻挑战，公司主动作为，自我加压，强化经营管理，狠抓市场开拓，推动构建“X+1+X”市场体系，深入推进开源节流降本增效，经营效果和经济效益保持稳步增长。一是聚焦天然气核心业务，加大新产品推介，盘活应急气、管存气资源价值，推动安平站“储气通”上线，争取借存气服务试点应用。开展新投产管道管容预售工作，提前锁定上下载需求，培养成长型托运商。加大主营相关业务创收，开展维抢修业务市场化运作，规范代维站场管理，扎实做好中海油神安管道运行维护服务“第一单”。二是创新服务方式，发挥集团公司开放服务和交易平台作用，抓好管容剩余能力销售，打造“以平台协议为主、框架协议为辅”的市场化服务新格局。以作为集团公司市场营销试点单位为契机，配合市场部加快不平衡、应急气服务等新产品、新业务的先行先试，密切关注 LNG 拼船和 LNG/ 储气库 + 管道一体化运营模式，为上游资源企业和下游城燃企业搭建沟通交流平台，为客户提供惊喜体验。三是紧盯“建得快、运费低、保障强”的客户诉求，充分依托交易平台，从规划开口、资源协调、路由选择等方面入手，做深做细做实项目可研初设，筑牢“全国一张网”物质基础。持续深化建管融合，实施工程建设项目精细化、模块化管理，加强设计变更管理和过程结算、审计等服务指导，优化招投标、采办等项目流程，缩短项目工期。四是划转以来，持续推动体制机制改革，完善市场开发体制机制，加大市场开发工作力度，实现新增客户 39 家、入网量 594 亿立方米、商品量 964 亿立方米，厚植了高质量发展潜力，为更好履行政治、经济、社会三大责任奠定了坚实基础；坚持分类施策、精准发力，编制陕、晋、蒙、冀四省专项方案和公司整体方案，完成华北地区分省规划、“十四五”总体规划，完善区域内管线布局，以资源市场助力“全国一张网”加速形成；克服新冠肺炎疫情影响，扎实做好保供工作，有力保障了冬奥会、冬残奥会、全国“两会”期间的天然气平稳供应，圆满完成党中央和集团公司交给的重大政治任务，获得国务院国资委、北京市委市政府、集团公司高度评价。五是创新项目管理机制，发挥建管融合优势，加强运行、建设、施工和用气单位的“四方协调”，打造上下游一体化，创造了冬奥支线项目当年立项、设计、施工、投产、见效的新纪录，为冬奥会保供添足了“底气”。五年来，公司累计管输商品气量 2606 亿立方米，主营业务收入 484 亿元，利润总额 233 亿元，为股东分红 146 亿元，纳税近 100 亿元，对外赞助、捐赠近 2000 万元，为股东创造价值、为经济社会发展作出了贡献。

这五年，我们深入践行“建立现代企业制度是国有企业改革的方向，必须一以贯之”要求，发展动能进一步增强。把握新发展阶段，贯彻新发展理念，融入新发展格局，坚持把改革创新作为推动公司高质量发展的根本动力。一是打造基础管理“一套体系、一个平台”，整合精简体系冗余，优化业务流程，风险防控能力得到增强。贯彻集团公司改革部署要求，推进简政放权、区域化管理和机构重组整合，坚持“三不变、八个新”，对标行业领先，进一步优化调整公司本部机构，本部部门数量由 16 个压减至 14 个，两级部门分别精简员额 26% 和 16%，推动人员向基层一线倾斜，有效调动了各层级工作积极性，促进了各层级权责匹配、责任落实，优化资源配置，提高了管控效能；进一步明确分公司、作业区管理界面，提高“三集中”管控效率，促进区域内人员流动、资源共享，提升基层治理能力和水平；针对管道迁改、新增上下载等重大工程项目和管输能耗、商品气量等重点工作，实施主官负责制，为“主官”赋权赋能，告别“铁路警察各管一段”，实现人、财、物高度协同，促进任务完成。二是坚持科技是第一生产力，深化体制改革，完善技术体系，推动数字化智能化、掺氢输送、二氧化碳捕捉储运、余热余压发电等技术创新，推进流程试运行，认真抓好市场回款、安全环保、流程与 IT、供应链管理、管理财经五个流程试跑对接转化，高质高效完成流程试跑任务；安全环保流程试运行“14431”工作法获集团微课大赛第 1 名，科技支撑力进一步提升，入选北京市高新技术企业名录。三是推进集团协同办公平台应用全覆盖，推广统一应用终端，逐步实现工作与管理在线化、移动化和智能化。结合现场实际需求，持续推进集团和公司科研项目进度，积极参与集团公司两项“揭榜挂帅”项目，以及国标、行标和企标的编制工作。发挥专家专长，完成集团公司腐蚀防护业务典型场景分析工作任务，为行业腐蚀防护工作提供重要支持。四是加强设备设施完整性管理，以高可靠率和完好率为基础，保障陕京系统最优运行。加强与油气调控中心联系，密切关注上游资源、下游市场情况，及时调整运行方案，推动实现节能降耗，控制管输动力成本。做好生产经营数据的二次开发与利用，深入分析研判管网运行工况，加强系统模拟运行分析，匹配最优运行方案。加速推进国产化替代，完成神木站在役站场仪表自动化设备全国产化试点改造，初步具备压缩机部分动静部件国产化替代能力。五是坚持向本质安全、增输降耗、高效管控、技术进步要效益，自主开展压缩机组维保、大修，持续推进降库利库，累计降本增效 15 亿元，公司单位管道员工数由 0.33 人 / 千米下降至 0.23 人 / 千米，劳动生产率达到 646 万元 / 人，获评国资委国有企业公司治理示范企业和集团管理提升标杆企业称号。

这五年，我们深入践行“党要管党、从严治党”要求，党建引领保障作用显著增强。公司深入贯彻落实新时代党的建设“5+2”总体布局，着力构建“大党建”体系，党建作用持续提升，在集团公司首次党建工作责任制考核中获评

A级。一是始终坚持党的全面领导。突出加强党的政治建设，扎实开展“两学一做”“不忘初心、牢记使命”主题教育和党史学习教育。严格思想教育，坚持开展形势任务教育，融合推进建党百年大庆、公司成立30周年系列活动，深入学习贯彻党的十九大、二十大精神，广大干部员工在政治上更加清醒坚定、理论武装更加自觉深入。二是党组织的组织力更加增强。修订《公司党建责任制考核》《“三重一大”决策制度》《党建标准化手册》等42项工作制度，落实“四同步”“四对接”，动态调整组织设置，8个基层党总支升格为党委，党的组织更加健全完善。扎实开展“主题党日+”、驻站跟班、六共建五创优等活动，总结形成“星级评定”“党员积分卡”等特色做法，研究成果《为建设世界一流企业提供“首善”标准》《“六字诀”促进党建与中心工作深度融合》等荣获《中国石油石化》《国企》杂志优秀作品。三是党管干部、党管人才激发新活力。坚持“20字”标准，着力打造高素质干部人才队伍。定期开展中层班子“画像分析”，优化班子专业、年龄、知识结构，选优配强班子，班子整体功能和活力进一步增强。加大优秀干部交流、培养与使用力度，产生集团关岗10名、企业关岗58人次。推进“三项制度”改革，企业关岗全部实行任期制和契约化管理。建立健全管理、专业、技术、技能四支人才队伍，实施“双百双十”工程，遴选人才208人、专家3人。加快“一中心、三基地”建设，做好新员工“一人一单”培养，推动队伍素质整体提升。注重人才培养和梯队建设，举办“百问不倒”知识竞赛，积极备战集团输气工竞赛并取得优异成绩。员工队伍技术水平、执行力、凝聚力显著增强，初步实现了由“值守操作型”向“维修技术型”转变，自主维保维修、隐患自主识别率大幅提升，公司管控效率明显提高。四是党风廉政建设更加从严从实。严格落实党风廉政建设主体责任，聚焦安全生产、费用核销、选人用人、招投标管理等关键领域，严格监督管理，强化反腐倡廉警示教育，增强了党员干部的廉洁从业意识。严格落实中央八项规定精神，持之以恒反对“四风”，发布为基层减负二十条措施，开展“改进两级部门作风、提升管理效能”专项行动，持续推进作风转变。建立健全重大事项请示报告、加强对“一把手”和领导班子监督、述职述廉等制度。坚持同题共答、同向发力，圆满完成党组巡视整改政治任务，主动提高政治站位，以正视问题的自觉和刀刃向内的勇气，制定“十项措施”，组建“规范招标采购及选商管理”工作专班和“微腐败”问题整治工作专班，把巡视整改过程作为反思工作、查找差距、推动发展的过程，进一步完善现代治理体系，以巡视整改实际成效，助推公司高质量发展。集中开展“严肃财经纪律、依法合规经营”“靠企吃企”等专项治理，严肃查处违反八项规定等违纪案件，持续营造了风清气正的发展环境。五是意识形态、宣传思想、文化工作展现新作为。扎实做好意识形态工作，牢牢守住意识形态责任和阵地。紧扣生产经营中心任务，加强重点工程、重大活动、先进典型宣传，举办公众开放日，发布公司歌曲《大地的脉搏》、微电影《脉》和《公司志》，建成文化展厅和30个党建文化阵地。陕京管道人“讲政治、讲责任、讲奉献”的良好形象多次亮相中央电视台、人民日报等主流媒体。深入推进铁军文化建设，开设“铁军作风训练营”和“铁军技能训练营”，“奉献陕京、保障首都”核心价值观进一步彰显，“奉献、责任、执行”陕京气质逐渐深入人心，员工精神面貌焕然一新。六是群团工作迈上新台阶。坚持党建带工建、带团建，大力支持工会、共青团组织独立自主地开展工作。各级工会坚持以维护职工合法权益、维护企业和谐发展为主线，加强职代会建设和职工民主管理，深入开展劳动竞赛、群众性创新创效、知识竞赛等活动，充分发挥了桥梁和纽带作用。各级共青团组织服务企业改革发展大局，扎实开展了“青马工程”、青年突击队、青年数字流程竞赛等特色活动，充分发挥了广大团员青年的生力军作用。全面加强国家安全、统战、维稳、保密以及离退休工作，巩固了安定团结的良好局面。

回顾五年来走过的不平凡历程，我们深刻体会到：

——必须坚持党的全面领导。我们坚持发挥把方向、管大局、保落实领导作用，加强党对一切工作的领导，不断增强队伍的凝聚力、战斗力，圆满完成了冬奥会、全国“两会”、党的二十大等重大活动期间天然气保供，有力保障了“五大攻坚战”持续推进，引领公司高质量发展取得了全方位的历史性成就。实践证明，只有坚持党的全面领导，才能引领保障公司坚定正确的政治方向，始终成为党执政兴国的物质基础。

——必须坚持突出战略引领。我们坚持问题导向、系统思维、以人为本原则，研究形成“1123”发展战略，引领保障公司发展方式、运营模式、员工队伍发生了历史性变革，公司高质量发展迈上了新台阶。实践证明，“1123”战略是引领公司发展的“指南针”和“原动力”，日益成为广大员工的集体共识和行动指南。必须坚持并与时俱进、不断完善“1123”战略，引领保障公司在高质量发展的道路上行稳致远、再创佳绩。

——必须坚持安全先于一切、高于一切、重于一切。我们坚持用底线思维统筹发展与安全，把安全贯穿于企业生产经营各领域和全过程，做好应对各种极端天气和大气量运行的风险挑战，不断增强发展的安全性，为保障管道安全平稳高效运营奠定坚实基础。实践证明，只有坚持“三个一切”，牢牢守住安全生产底线红线，保持做好安全生产工作的紧迫性、敏感性、前瞻性，才能为企业高质量发展奠定坚实基础。

——必须坚持以人为本发展理念。我们贯彻“人民至上”，坚持把企业发展成果更多更公平惠及广大员工。深化三项制度改革，不断畅通员工成长通道，持续拓展成才的舞台空间，推动员工成长与公司发展同频共振。强化激励政策，坚持向基层一线、艰苦地区、高效劳动倾斜，保障员工收入和福利待遇与企业同步增长。实践证明，只有把实现好、维护好、发展好最广大员工根本利益作为工作的出发点和落脚点，更加注重员工成长需求，充分激发蕴藏在员工中的创造力，才能推动公司长远发展。

——必须坚持改革创新。我们贯彻“创新是第一动力”要求，系统谋划、一体推进基础管理“一套体系、一个平台”，简政放权、区域化、标准化建设改革创新的“组合拳”，极大提升了管控效率、企业效益，有力保障了安全运营。实践证明，只有始终把改革创新作为企业发展的动力源泉，遇到问题、解决问题，不封闭僵化、不固步自封，才能不断提升发展质量效益、永葆基业长青。

——必须始终坚持苦干实干。我们把抓好作风建设作为推动高质量发展的着力点，把心思向“谋实事”上聚焦、把精力向“干实事”上用劲，大力整治“庸懒散慢拖”等作风顽疾，破除好大喜功、坐而论道的不良倾向，解决空泛表态、敷衍塞责等突出问题，为高质量发展提供过硬作风保障。实践证明，实干才是关键，只有持续奋力拼搏，始终坚持实干不争论、苦干不畏难、巧干不折腾，才能把管网事业干好、干成功。

五年风雨兼程，成绩来之不易，这得益于集团公司的正确领导，得益于集团总部部门的大力支持，更得益于公司广大干部员工的团结拼搏。我们要以党的二十大精神为指导，坚持稳中求进工作总基调，完整、准确、全面贯彻新发展理念，主动融入和服务新发展格局，深入实施“四大战略”，深入推进“五大攻坚战”，大力实施“五个坚持”总体方略，敢于斗争、敢于亮剑，勇于打破常规、开创性推进工作，致力于建设行业领先的专业化管道公司，以高质量发展的优异业绩，携手共同走向下一个辉煌的五年，为集团公司加快打造服务卓越、品牌卓著、创新领先、治理现代、与众不同的中国特色世界一流能源基础设施运营商保障国家能源安全、供应链安全增光添彩。

贯彻实施市场化平台化战略 推动构建 X+1+X 市场体系

为贯彻落实“四个革命、一个合作”能源安全新战略和党中央、国务院关于深化油气体制改革及国资国企改革决策部署，推动构建“X+1+X”油气市场体系，国家管网集团提出了“两大一新”战略目标、市场化平台化等四大发展战略，以及建成中国特色世界一流能源基础设施运营商的愿景，指明了行业发展方向。特别是自 2020 年 10 月 1 日集团公司正式运营以来，国内天然气行业市场化进程加快，市场主体数量大幅增加，企业自主交易行为明显增多，天然气消费量增幅高位运行，凸显出管网独立运营对构建市场的激发作用，也实现了自身良好运营收益。

公司的输配气系统一直占据华北地区特别是京津冀市场主导地位，自国家推进油气体制改革尤其是 2021 年 4 月正式划转到国家管网以来，公司加快构建市场化运营机制，促进管输商品量增速年均 10% 以上，市场占有率和管线负荷率均正向增长，服务的上下游用户超过百家，托运商客户近 60 家，年度营收和利润水平创历史最佳，以“首善”的工作标准在推动构建“X+1+X”市场体系上贡献了陕京力量。

一、集团公司市场化平台化战略部署

集团公司提出，要牢牢把握服务型公司定位，以市场化战略吸引更多主体参与，以平台化战略扩大发展空间，以大业务体系做好建、运、维、研管理和服务，用新观念新模式新机制引领和保障公司高质量发展。一是坚持服务型公司定位，要切实强化市场观念、客户观念，树立“人人都是经营者、人人都是服务员”理念，积极开拓市场，提升客户服务质量。二是市场化战略指出要遵守市场规律，建立适应市场的组织结构、投资机制、服务方式、生产运营模式等，以管网为中间支点撬动起上下游更多主体参与。集团公司制定发布托运商管理制度及相关运营规则，目标是要发挥托运商的市场核心作用，推动管道建设、激发市场活力。三是平台化战略提出要整合要素资源，搭建油气调控平台、管容交易平台等，构建以管网为载体的多方参与、多边共享系统，扩大发展空间，同时明确提出要构建全国油气设施统一调控平台和全国油气基础设施容量交易平台，推动两个平台一体化协同运作。未来要打造主体多元、功能多维、层次清晰的能源平台，成为多边能源平台服务商。四是大业务体系，它既是“四大体系”中的第一个，也是最核心的，要从外部也就是客户角度考虑，解构业务链，重构建、运、维、研大业务体系，提升效率效益。对于建、运、维、研四大业务单元，是以集中控制和统筹资源配置、追求业务运营活动统一优化为目标，突出强化专业化运营，各业务单元既独立又联动，形成一体化项目运作模式。

二、公司市场化运营进展及成果

近年来，公司在贯彻市场化平台化战略上的主要进展：一是在目标形势任务教育活动中将提升全员市场意识、推进公司市场化运营作为重要内容，以公司内部宣讲、市场调研等载体向全员宣贯石油天然气体制改革、管网运营机制改革政策和集团公司市场化平台化战略。邀请行业专家及集团市场部同事专项培训授课，2021年以来专家学者共讲课60人次，接受培训1000余人次，切实促进提升市场意识、服务意识。

二是加快建章立制，配强工作团队，做好管理顶层设计。研究制定并发布《客户服务市场开发管理程序》，明晰部门间职责分工。按照“一机制、一程序、一手册”原则制定《市场开拓协同推进工作手册》，理顺管理机制、明确业务流程、规范工作行为，指导市场开拓、工程建设和省网融入三大攻坚战协同推进。加快工作人员遴选，两级市场营销队伍共计33人逐步配齐配强，牵头组建国家管网京冀、天津、山西、陕蒙客户经理团队，内部形成市场合力，外部统一发声。制定华北地区主要城市天然气市场运销月报制度，汇总当月国

家、地方政府政策、通报全国市场产供储销气量情况，为工作决策、市场开发提供参考。

三是组织多种形式全覆盖式市场调研，找出增量市场并推动落地。每年对所有用户开展问卷调研、包括运营服务满意度、新机制下商务合作模式及紧迫的需求。完成《六省市天然气资源与市场调研和预测报告（2022 年）》，组织开展市场发展规划，为市场开拓明确方向，找准着力点。特别针对用户扩能增输加快实施，实现了投资少、见效快、回报高。琉璃河站为燕山石化提压增输已完成，日输气量由 135 万立方米提升最高到 200 万立方米。武清站为津燃华润扩能增输将从 150 万立方米提升至 300 万立方米。

制定地方政府、用户分级对接制度。近年来公司领导带队主要拜访省级能源主管部门、对接三大油基石托运商、对接气量大用户，所属分公司对沿线已有和潜在用户以一对一走访或召开用户对接会等形式开展交流。经调研后明确"西部上载、东部下载、中间撮合"的市场方略，将鄂尔多斯盆地资源上载需求作为重点潜在用户对接并推动实施。坚持对燃气电厂、分布式能源的天然气供应是市场开发主要着力点，选定了华电集团石家庄热电厂、华电集团固安分布式能源、国家电投正定燃气电厂多个重点用户持续跟踪开展工作。

四是扎实做好信息公开，加快推进执行管输协议，扎实做好托运商服务，用公平开放推动增量增效。按时、准确汇总发布托运服务情况信息，配合发布管道剩余能力信息，将协议签署时间压缩至 3 天。完成国家能源局西北、华北能源监管局对天然气管网公平开放专项检查，未发现影响公平开放的问题。公司提供的托运商客户从最初 1 家已迅速增加至 60 多家，三大石油公司是市场运营基本盘，其他托运商客户以不到 3% 的管输商品量份额贡献了超过 7% 的管输收入，"长尾效应"明显，充分激发了市场活力。

三、在推动构建"X+1+X"市场体系上方向和举措

（一）深耕市场，推动市场开拓工作全面提速

一是通过目前掌握的上下载项目增量来看，能够落地的项目增量尚不能满足未来发展目标要求，同时客户转化、市场培育有一定过程，需要全员扑下身子做好市场调研，制定科学有效的分析方法，将在已有省级和主要大用户数据基础上，持续全面深入开展市县级数据收集、信息梳理和研究工作，加强与省

市两级的规划对接，加大管网服务的宣传。

二是切实发挥“X+1+X”中间“1”的纽带作用，解决好资源端和消费端信息不对等的市场开发瓶颈，建立信息共享机制和平台，促进市场主体间信息共享交流，着力帮助有缺口的用气企业寻找气源。用“资源”促进市场培育，用“消费”拉动资源外输。

三是落实公司关于五大攻坚战特别是市场开拓、省网融入和工程建设攻坚战协同推进的部署。公司是集团公司在京津冀晋蒙陕市场开拓主责单位，也是在晋蒙陕省网融入的牵头单位，能通过提高市场占有率、与省网协调调度先行等方式推动省网融入。通过市场开发找准增量带动工程建设，用工程建设促进提升市场占有率。

（二）精准施策、推动市场开拓项目落地见效

一是资源上载（入网）方面。晋陕蒙 3 省区属于资源富集型地区，做好区域内资源的上载外输是市场开发方向，紧跟长庆油田苏里格第七处理厂进展，密切跟踪勘探开发产能产量变化，提前做好配套基础设施建设，确保管输能力与市场需求同步匹配。

二是分输下载方面。京津冀 3 省市属于市场消费区，公司分输下载量占市场主导，可定义为高压配气管网，合理布局分输下载点促进增量增效是市场开发方向，重点是挖掘出具有价格承受力的工业用户。

三是做好上下载项目全流程服务。对于上载项目应着重核实产能产量，避免出现资源超卖基础设施闲置，对于下载项目应着重核实终端市场的消纳规模和价格承受能力，充分发挥牵线搭桥，尽快促成匹配客户实现交易。

（三）主动出击、推动市场开拓产品创新营销

一是京津冀市场增量有限，整体周转量和运距可能继续下降，国产气、俄气、LNG 大量在此会集，要推动华北区域南下通道建设和协调运行，打通上载资源外输远送通道，将资源销往市场增量潜力大的河南、湖北两省，保证华北地区长输管道经营效益。

二是加快实施借存气服务产品，在输量增长有限的情况下挖掘出效益提升点，满足用户差异化需求，打响管网服务品牌。

（四）协同高效、推动市场开拓服务全面提升

一是强化市场开拓团队组织建设，做实集团公司区域市场开发主体，在公

司本部专人专岗分别承接集团市场部各业务链条工作，各分公司层面配强市场开拓专业人员，同步建立市场化考核机制，激励市场团队承担重任、敢闯敢拼促进增输增效。

二是市场到回款流程全面运营，依据集团公司要求和公司实际不断完善市场开发工作程序，明确相关部门、所属单位的职责。加快建立市场开发工作手册，明确全业务流程各环节详细的工作要求和标志性成果，通过完善顶层设计和细化实施指导，确保市场开发高效推进。

经过 30 年的发展特别是近年来的市场化运营，公司的改革发展已取得累累硕果，展望未来在构建“X+1+X”市场体系新时代新形势下，华北地区具有建成区域天然气市场的基础，作为区域内干线管网等基础设施运营公司，新的责任重大使命光荣。市场运营人员将加快转变观念、迅速落地国家管网战略部署，继续以“首善”标准打造标杆企业，敢于触碰运营机制改革的难点，积极争取管输费率改革、储气库市场化运营、管道掺氢输送等试点，成为改革新高地，力争推动华北地区率先建成区域天然气市场，为全国油气统一大市场建设积累宝贵经验。

冬夏一体化建设，凸显保障民生的社会责任

陕京输气管道系统承担保障首都、服务华北、辐射周边供气任务，安全平稳高效保障供气，是责任、是大局，公司认真落实集团公司党组提出的“冬夏一体化”保供策略，统筹做好冬季天然气保供工作安排，细致部署重点工作任务，优化落实各项生产工作，圆满完成了历年天然气保供任务。

一、全面加强统筹组织，强化责任担当

一是强化政治意识，提高政治站位。公司将“学习习近平总书记关于能源保供的重要指示精神”纳入公司党委和各所属单位党委学习计划，开展对习近平总书记“四个革命、一个合作”能源安全新战略等重要论述的专项学习研讨，开展“学史力行为人民、担当实干保冬供”等主题教育活动，促进对冬季保供工作的认识再深化、再提高，为做好冬季保供夯实了思想基础。

二是压实保供责任，做好组织保障。公司贯彻落实集团公司重要决策部署和董事长在冬季保供誓师大会的重要讲话精神，坚定做“四个革命、一个合作”能源安全新战略的践行者。统筹规划、周密部署，精心编制《陕京管道冬供安全生产运行方案》，成立专项领导小组，安排部署保供工作，明确分工、压实责任。召开冬季保供动员会，号召全体干部员工绷紧保供弦，保障冬供期间安全平稳运行。

三是开展驻站跟班，践行“有感领导”。公司积极落实集团要求，组织开展“驻站跟班”活动，两级班子和关键岗位人员高度重视，深入基层一线同员

工同吃、同住、同劳动。通过“五个一”等活动精准指导冬季保供举措落实，科学谋划重点工作，鼓励广大员工干部要有扎根基层、干事创业的实干作风，奋发图强再立新功，全面提升了基层作业区的工作质量和实效。节日期间看望慰问坚守一线的员工，探讨解决员工关心关切问题，研究基层管理提升思路举措，切实保障了站场管道安全平稳运营。

二、全面加强值班值守，压实保供责任

一是加强值班值守力度，做到风险隐患“零残留”。冬供期间将无人值守站场由集中监视调整为应急值班、压气站实行 24 小时有人值守、北京周边站场由操作岗应急值班调整为“操作岗 + 工程师”应急值班；提升巡检频次，强化巡检质量，将专业巡检频次由每半月 1 次调整为每周 1 次，联合巡检频次由每月 1 次调整为每半月 1 次，保障巡检效率和巡检质量，确保第一时间发现问题、处置问题；春节等节假日期间，公司实行本部领导带班、各部门领导值班制度，各分公司实行主要领导值班制度，作业区实行主任值守制度，关键站场均安排主要负责人驻站驻守，为高质量完成各项任务提供了有力支撑，为陕京输气管道系统安全平稳运行筑牢安全防线。

二是提升集中监视质效，打造安全管理“零漏洞”。公司生产调度中心通过编制《冬季保供集中监视方案》，进一步明确各级监视职责，细化管控措施，提升管控质量；每日重点、加密监视重要站场生产运行参数、重点巡查无法巡护管段、提前掌握上载气源站场工艺运行状态；优化报警处置流程，年均处置报警两万余条，及时消除事故隐患。面对近三年跌宕起伏的疫情形势，全体调度充分发扬管网铁军精神，坚守阵地、共克时艰，在疫情严重时期升级防疫措施，采取全封闭管控，累计驻守公司 118 楼 70 多个日夜，确保安全生产平稳有序，守护“万里气龙”安全抵京。

三、全面加强生产管控，提升保供能力

一是应用科学手段，优化生产运行模式。公司生产调度中心应用 PIPELINE 专业软件，实现仿真测算，对陕京输气管道系统在不同工况下的运行情况进行模拟，在不同气源、不同输量的工况下选择最优运行方案，降低干线压气站的能耗，促进了管网运行效率再提升，有力保障沿线供气稳定可靠；

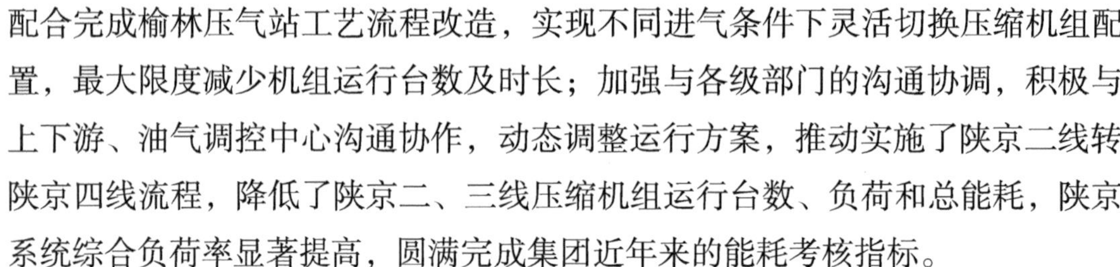

配合完成榆林压气站工艺流程改造，实现不同进气条件下灵活切换压缩机组配置，最大限度减少机组运行台数及时长；加强与各级部门的沟通协调，积极与上下游、油气调控中心沟通协作，动态调整运行方案，推动实施了陕京二线转陕京四线流程，降低了陕京二、三线压缩机组运行台数、负荷和总能耗，陕京系统综合负荷率显著提高，圆满完成集团近年来的能耗考核指标。

二是消除输气瓶颈，保障重点项目建设。近年来生产运营部组织完成 50 余项站场、阀室开口的可行性研究方案，累计参与数十次新增上下载点、站内改造、管道迁改类项目设计方案的审查工作，提出数百条建议措施，确保重点项目前期工作顺利实施；生产调度中心主动对接集团生产部、油气调控中心，紧跟集团公司最新政策规定，按要求合规办理投产手续、签订协议，加快推进项目投产；及时组织投产方案审核报批、投产条件检查确认，在实践中积极探索逐项改进，发布管理提升方案、绘制工作流程图，指导分公司高效开展投产工作。

2020 年 9 月，完成密马香管道进气投产，标志着环首都高压管网全线贯通。2020 年 11 月，完成秦皇岛分输站与中俄管线、秦沈线互通，陕京管道系统冬季正反输能力进一步增强。2022 年 10 月，完成高丽营分输站调压改造特级动火作业和霸州分输站联通工程及增设调压设备工程，内部互转能力进一步提升。2022 年 11 月，安平联络压气站特级动火作业顺利完成，实现了陕京二、三线与蒙西管道、中俄东线的互联互通，打通了俄气南下的重要通道，扩大了陕京管道系统的供气范围。2023 年 3 月，完成宝坻站与中俄东线互联互通的完成，进一步提升了陕京管道系统资源调配互补，增强了供气灵活性和可靠性。特别是 2021 年圆满完成陕京四线张家口地区奥运支线的投产供气，为保冬奥、保冬供做出了积极贡献。

三是强化监督机制，提升生产管控水平。公司严守集团公司“十大禁令”要求，坚持安全生产“先于一切，高于一切，重于一切”，严格执行体系文件，作业前强化分公司、作业区两级培训，所有施工人员持“双证”上岗；完善作业管理流程、进一步统筹作业计划、严把作业关口，对重大作业实行全流程管理，作业中远程巡查现场，作业结束后及时进行总结；编制运行调整方案，在不影响管道管输量的情况下，合理组织工艺调整，降低作业对运行影响，近年来减少天然气放空量约 0.29 亿立方米，为公司创收创效。

四、全面加强资产完整性管理，夯实保供基础

一是提升设备设施可靠性，夯实安全运行基础。深化设备完整性管理，紧抓设备设施预防性维护保养、控制系统功能测试。入冬前做好设备维保等准备工作。仪表、计量设备、特种设备校验率、关键设备完好率始终保持 100%，仪表自动化系统可用率、百千米光缆可用率达 99.99% 以上，为冬季期间安全平稳高效运行提供重要保障。落实冬季生产“八防”措施，健全风险分级管控和隐患排查治理双重预防机制，完成“专项整治三年行动”。开展各级专项检查、隐患排查，有效消除了设备设施安全隐患，夯实安全运行基础；重点推进新技术应用，目前陕京系统全部站场已实现开放式泄漏检测，确保异常状态下第一时间发现泄漏点，全线站场实现自动分输，有效降低人员误操作风险，保障了安全平稳输气。

二是推动自主维保及备件国产化替代，确保设备完整性管理关口前移。近年来公司持续扩展自主维保业务范围，从简单的调压阀、电动执行器自主维保，到压缩机组 4K、8K 自主保养和机组自主大修。自主维保的逐步推进，大幅降低运行维护成本，提升了员工的技能水平及故障处理能力；在做好设备法定检验检测和周期性维保的基础上，集中力量对关键技术进行攻关，加速推进关键设备关键部件国产化替代工作。目前截断阀配件已实现大部分国产化，节约大量采购费用，大幅缩短了供货周期，从根本上解决了维修配件“受制于人”的“卡脖子”问题；利用机组大修时机，就进口压缩机组关键部件国产化进行了有效尝试，目前已初步具备压缩机组的旋转部件和固定部件的国产化替代能力，为下一步整机国产化数据积累和应用实践，为全面落实公司“1123”发展战略迈出了坚实的一步。

三是积极推进故障及隐患治理，确保设备设施“健康”保供。持续抓好风险辨识与分级管控，加大隐患排查治理力度，强化各级各类监督检查，做好问题跟踪整改。近年来重点解决了榆林三线 RY3403 机组转子一级叶轮故障更换、石家庄 5# 机组驱动端干气密封二次放空排油、兴县机组电机回油不畅、唐山 2# 机组燃机 BLEED 阀故障及阳曲 5# 机组非驱动端轴承温度高等故障，同时针对石家和兴县站机组非计划停机事件频发问题，进行现场调研并给出解决方案，极大地提高了机组运行稳定性。

四是积极推进重点项目实施，聚焦聚力高质量发展。克服疫情设备到货、调试困难等因素，完成了神木分输站在役站场仪表自动化设备全国产化改造试点。推进压缩机组变频系统升级和控制系统改造，陕京四线已成为国家管网第一条压气站场全部实现“一键启站”的干线管道，提升了压气站安全运行可靠性。完成红墩界站 GIS 间隔改造、兴县站变频控制系统升级和石家庄站机组电缆震荡波局放检测等重点项目，降低了外电波动、变频器控制系统故障对机组运行的影响。

五、全面筑牢安全防线，做好应急准备

公司持续加强应急体系建设，落实集团公司要求，完善应急预案，完成了公司总体预案及专项预案（1+13）发布，组织各分公司完成 90 项应急预案、33 项现场处置方案、629 项应急处置卡修订工作；参与集团公司组织的“双盲”应急演练，进一步提高处置突发事件的能力。各分公司、作业区与地方政府、上下游用户建立应急联动机制，结合各自地区冬季安全生产特点，有针对性地对可能发生的突发事件组织开展有效的联合应急演练；同时，生产调度中心结合运行特点，组织开展多类型、多级别的“联动”应急演练，与油气调控中心、北京燃气共同编制了《北京地区冬季保供联合应急预案》，以联合、联动演练为基础对应急处置查漏补缺，进一步提升应急响应速度，保证信息传递畅通。

过去的五年里，陕京管道人以“铁的纪律”，扛起“铁的担当”，积极攻坚克难，应对各方面挑战，交上了一份份圆满的答卷，确保了天然气管道及设备设施安全平稳高效运行。新征程、新起点，公司全体干部员工将在公司党委的正确领导下，鼓足干劲，苦干实干，持续深化公司“1123”发展战略，切实践行“奉献陕京，保障首都”的核心价值理念，聚焦重点，持续发力，在生产上精耕细作、技术上精益求精，加强岗位练兵，为全面建成行业领先的专业化管道公司、为集团公司打造世界一流企业做出新的更大的贡献。

探索管道管理新机制，精准提升管道管理标准化水平

近年来，国家愈发重视标准化工作，从深化标准化改革到“一带一路”，一系列动作无不在昭示标准化工作至关重要的作用。长输管道作为链接油气资源与市场的重要桥梁和纽带，从管道的设计到管道的建设、投产、运营与维护，甚至管道的报废，标准及标准化工作贯穿始终，直接影响着管道工程建设和运行管理水平。自国家管网集团公司开展“三湾改编”工作以来，北京管道公司积极响应，以“3 统一”“2 提升”“1 创新”为主线，在标准化建设过程中不断思考、实践和总结，在长输管道运营管理方面重点聚焦巡护管理、相关工程管理、高后果区管理，持续探索新的管道管理机制与方法，从统一岗位员工各业务环节流程、工作执行标准、工作完成质量着手，抓实、抓细各级岗位这一执行最小单元，着力提升各层级员工风险辨识、风险管控、应急处置能力和岗位员工执行力，将“五位一体”标准化、安全履职能力提升等“三湾改编”成果落地到现场，应用到岗位，实现体系制度的“最后一千米”落地。

一、优化管道巡护管理手段，筑牢高质量发展之基

一是完善巡护管理制度体系。公司管道巡护工作全面贯彻“1123”发展战略，紧密围绕“安全平稳高效运营”这一中心任务，按照“公司决策、分公司管理、作业区执行”的管理要求，2019 年起全面实行“区域化”改革，将原来的输气站场与管道维护站进行整合，成立了 30 个作业区，作业区负责管道巡护工作，巡护队伍以业务外包模式由专业保安公司承担，负责管道日常巡查。

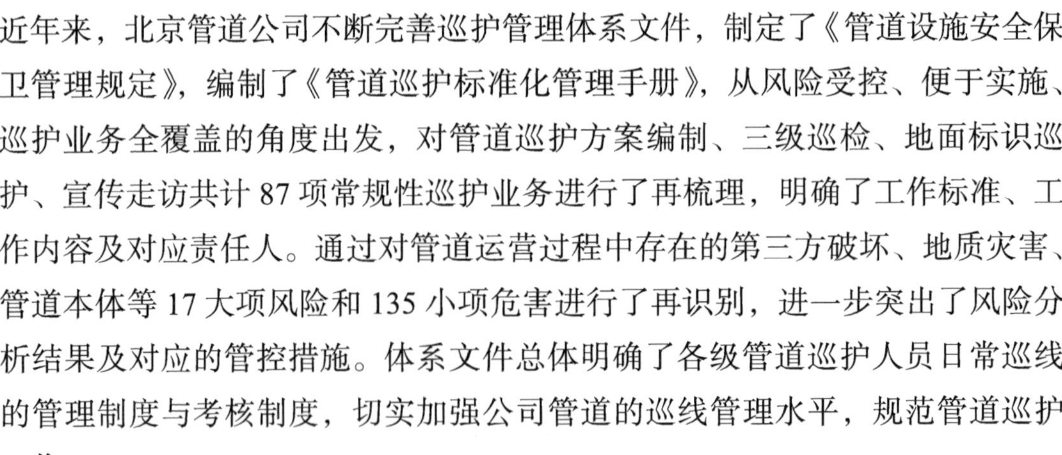
近年来，北京管道公司不断完善巡护管理体系文件，制定了《管道设施安全保卫管理规定》，编制了《管道巡护标准化管理手册》，从风险受控、便于实施、巡护业务全覆盖的角度出发，对管道巡护方案编制、三级巡检、地面标识巡护、宣传走访共计 87 项常规性巡护业务进行了再梳理，明确了工作标准、工作内容及对应责任人。通过对管道运营过程中存在的第三方破坏、地质灾害、管道本体等 17 大项风险和 135 小项危害进行了再识别，进一步突出了风险分析结果及对应的管控措施。体系文件总体明确了各级管道巡护人员日常巡线的管理制度与考核制度，切实加强公司管道的巡线管理水平，规范管道巡护工作。

二是推广实行差异化巡检。陕京输气管道系统由陕京一、二、三、四线主干线、永唐秦等支干线、大港与华北储气库群所组成的完整的天然气输、储、配系统，连通西北、华北、华东，管道途径陕西、山西、河北、内蒙古自治区、北京市、天津市，总里程 5584 千米，沿线地形复杂，涉及沙漠、黄土塬、黄河、山区、平原多种地貌类型。北京管道公司按照“一区一案”、“一段一策”的原则，结合管道周边风险情况及地貌特点，依托巡护管理平台，细化巡线工标准轨迹图，针对性的制定不同地段的巡护频次，形成适用性强的差异化巡检方案。在京津冀平原地区和由人员活动地区实行打通巡检通道，以徒步巡线为主等措施；在陕晋蒙地区，根据地形地貌试点采用徒步巡检、视频监控、无人机巡护等多种方式相结合的巡护手段，进一步优化沿线巡护人员配置，提升管理效能。

三是规范地面标识目视化管理。结合管道周边不同地貌及人员活动情况，北京管道公司制定了地面标识现场目视化标准，明确了一般线路段、穿（跨）越点及重点关注地段的地面标识设置要求，并将架空光缆巡护和目视化管理要求纳入管道巡护标准化管理范畴。截至 2022 年底，共计梳理沿线地面标识约 12 万个，对每个地面标识的坐标、材质、行政区域、赔偿情况等信息进行采集，并不定期进行抽查，确保地面标识完好率 98% 以上，信息准确率达到 100%。

二、创新相关工程管控举措，提升外部风险防控效能

一是规范相关工程管控流程。依托《管道交叉工程标准化手册》，北京管

道公司进一步明确了相关工程管控流程，总体上规定了“一点一案、定管定缆、机在人在”三条管理红线，按照施工风险等级制定了大型交叉及短小快工程信息收集、前期接洽、方案编制审批、施工过程监护等各个环节的工作标准并明确对应责任人，重点突出了布控落实、定管定缆、布控撤防三项相关工程关键管理环节的审批及闭合验证机制，确保关键环节管控手段得到落实，实现第三方工现场隔离到位、警示明显、管廊通透、走向清晰。五年间北京管道公司因第三方施工导致的责任性断缆次数总体呈下降趋势，平均责任性断缆频次为 3.6 次 / 年，其中 2020 年发生责任性断缆频次为 2 次，达到历年最低。

二是应用数字化手段提升相关工程管理水平。我国“十一五”以来，在油气管网大规模建设过程中，管道业务的“标准化、模块化、信息化”水平不断提高，基本实现了“设计数字化、施工机械化、管理信息化”，近五年间北京管道公司通过“端 + 云 + 大数据”的体系，利用数字化手段不断提升相关工程管理效能。针对第三方施工易发段等重要地段进行视频监视，对现场情况进行实时监控，截至目前，公司已安装视频监控设备 639 套，可移动视频监控设备 253 套，视频集中接入分公司应急值班室监屏，对第三方侵入的特征识别和自动报警，提高了第三方破坏与恐怖袭击的防控水平。通过持续优化完善相关工程管控模块，实现相关工程过程资料线上及时填报、及时验证，满足相关工程关键环节快速审批、闭合验证，提升相关工程风险管控和精准度，逐步将相关工程纸质过程资料向线上录入归档进行过渡。依托推广光纤预警系统，公司在陕京二线、陕京四线管道应用光纤预警系统，覆盖管道里程 390 千米，可识别光缆两侧 10 米范围内的人工开挖、25m 范围内的机械活动，系统运行 3 年来漏报率基本为 0，误报率可控制在 5% 以下，为第三方施工管控关口前移提供了技防支持。

三、统一管道高后果区管理标准，推动管道保护工作再上新台阶

一是着力推动落实高后果区宣传走访标准化。随着国内经济高速发展，近年管道沿线地区等级大量提升，截至目前，北京管道公司累计地区等级升级管道共计 91 段，涉及里程 134.98 千米；2023 年初，公司共计识别高后果区 300 处，长度约 399.5 千米，占管道总里程的 7.5%，其中Ⅲ级高后果区 35 处，长度约 60.9 千米。北京管道公司以高后果区标准化建设为指引，对宣传

内容进行了规范，创新了多种宣传形式，建立了“对象精准”“时间精准”“方式精准”“区域精准”“内容精准”的“五精准”宣传概念，通过二维码宣传、口头宣传、微信群宣传等多种方式，针对沿线不同人员制定了不同宣传内容，实现精准宣传。

二是持续推动执行高后果区现场管理标准化。通过修订完善《高后果区标准化手册》，重点细化了视频监控、风向标、气体检测仪的设置原则，基于沿线风险识别分析情况对高后果区数字粘贴标识、地面喷涂警示标识、安全提示牌的样式、尺寸及警示内容进行了规范，进一步完善高后果区地面标识设置标准依据，为各单位打造标杆高后果区提供明确指导。

三是积极建立高后果区应急联动机制、落实风险消减举措。对高后果区应急演练按照演练区域、演练方式进行了频次划分，细化了事故前期处置要点及事故汇报流程与用语，通过应急联动微信群、应急联动协议、应急处置卡三种方式，进一步增强了与地方政府的应急联动机制；对于高风险人口密集型高后果区，积极开展管道迁改工作，实施完成了陕京一线琉永支线涿州市段、陕京一线神木市锦界镇段等人口密集型高后果区管道迁改工程，有效削减了高后果区安全风险。

北京管道公司通过不断创新应用管道管理机制，为实现设备状态受控、人员行为受控、岗位风险受控的目标提供了助力，进一步增强了全员安全生产履职能力，有效管控现场安全风险，提升安全生产管控水平，切实起到了规范员工“上标准岗、干标准活”的效果，使基层管理更精细、更准确，工作执行更到位、更高效，推进作业区向标准化自主管理不断迈进。北京管道公司将持续深化管道管理标准化工作成果，促进公司管理水平再上新台阶，为管网集团建成中国特色世界一流能源基础设施运营商作出新的更大的贡献。

激发创新创效活力
打造人才队伍核心竞争力

北京管道公司党委坚决贯彻落实新时代党的组织路线、中央人才工作会议精神，坚持党管人才原则，聚焦集团公司打造“智慧互联大管网、构建公平开放大平台、培育创新成长新生态”两大一新战略目标，加快人才发展体制机制改革和措施创新。2018 年以来，大力实施人才队伍核心竞争力提升工程，通过“五个创新”持续激发人才创新创效活力，全方面培养、引进、用好人才，以建设高水平的经营管理人才、一流的科技领军人才、卓越工程师、高素质技能人才为重点，统筹推进各类人才队伍建设。

一、锚定公司发展战略全局，谋划顶层设计创新

北京管道公司党委 2018 年提出“1123”发展战略，实施人才队伍核心竞争力提升工程，加快实施管控模式、岗位设置和人才成长通道的创新，人才成长从“争奔小路”到“各行其道”，道路更加畅通，人才队伍创新活力更加激发。

一是创新生产组织模式。实行区域化管理，对相邻站场的生产运行及管道线路管理进行业务整合，实行“运检维一体化”和集中监屏、集中巡检、集中维护的“三个集中”管理，生产管控更加集约高效，有效释放了人力资源，员工由“值守操作型”转变为“维修技术型”，综合素质进一步提高，自主维检修率、隐患自主识别率大幅提升。

二是推行“大岗位”设置。遵循“精干高效、运转流畅”和“最低岗位数量”的原则，推行“大岗位、大专业、大工种”岗位模式，修订岗位说明书，

实现一岗多责、专业互补，确保工作职责不交叉重叠、不挂空挡，着力培养一专多能的复合型人才。

三是拓宽人才成长通道。构建了“管理、专业、技术、技能”四支人才队伍发展通道和序列转换路径，形成了“纵向晋升、横向互通”的人才成长格局。2022年上半年全面完成员工职位序列套改工作，管理序列人员占比减少约15%，进一步充实了技术力量。

二、聚焦人才成长规律，推动培养机制创新

坚决落实习近平总书记提出的“抓好后继有人这个根本大计”，健全完善优秀人才“选、育、用、留”全链条机制，实现人才成长从“埋头划桨”到“借风开船”，势头更加明显。

一是倾心引才。不断拓宽引才渠道，畅通“高精尖缺”人才引进绿色通道。2018年以来，公司通过校园招聘，引进学历型人才82人，其中硕研及以上占比78%，“985”“211”“双一流”院校占比66%，全部放在基层墩苗历练；属地化精准补充招聘102人，全部为30岁左右及以下、本科及以上学历、核心业务紧缺专业，充实到基层岗位、一线岗位，有效改善了队伍学历、年龄、专业结构。

二是悉心育才。加大人才自主培养力度，建立公司本部部门、分公司、作业区人才培养三级责任体系，解决员工“散养”问题。把握人才成长规律，划分基础人才、骨干人才、专家人才进阶层次，新员工入职实施“一人一单”培养，明确专业培养方向，分安全教育、轮岗学习、专业化学习三个阶段培养，指定导师，因材施教；开展骨干人才“双百工程”，推优产生技术骨干120人、技能骨干88人；专家人才布局“双十工程”，选聘高级专家1人、专家2人；成立技术研究中心，加大科技人才培养，组建工艺运行、自动化、完整性、机械设备等四个技术团队，围绕安全生产、节能降耗、管理提升等方面技术需求，重点在风险监测预警、管道输送工艺、维修维护、国产化替代、站场智能化等方面取得突破。

三是精心用才。持续加强年轻人才的思想淬炼、政治历练、实践锻炼、专业训练，建立年轻干部实践锻炼机制，开展本部、基层干部双向挂职和本部管理人员到基层实践锻炼，公司内部安排实践锻炼27人，参加集团公司年轻干

部“五十五百”实践锻炼派出派入共计10人。

四是真心爱才。加大人才表彰奖励，丰富竞赛种类，提高奖励标准，注重物质与精神的双重激励，选树先进典型进行广泛宣传，对优秀人才在职称评定、职务晋升等方面予以倾斜。完善人才综合保障体系，及时倾听人才的诉求，解决人才的困难，让核心骨干人才得实惠、受尊重，营造尊才、惜才的发展环境。

三、探索数字化转型，引领培训体系创新

紧紧跟上集团公司平台化、数字化战略步伐，探索培训管理数字化转型，推动培训体系创新，培训管理从“雾中摸索”到“拨云见日”，思路更加清晰。

一是构建知识管理平台。引入知识管理的理念，构建知识管理平台，将员工与知识充分有机结合，实现培训管理、资源共享、数据统计、移动学习四大核心功能，打破空间、时间、专业壁垒，打通需求侧、资源供给侧，实现知识采集、存储、传递、共享。知识管理平台自上线以来，上传课程424门，试题近6万道，组织公司级培训63次，参与人数1585人次。上级应用该平台组织全集团1877名安全管理人员考核，考核组织、数据分析的便利性获得好评。

二是推进培训配套资源建设。课程方面，结合岗位设置、员工发展通道及公司发展规划，构建基于岗位的分层级、分专业、分阶段培训课程体系和考核体系。硬件建设方面，初步构建了以东部运维中心、计量培训基地、灵丘培训基地、黄河管桥作风训练基地为载体的“一中心、三基地”实训场所，涵盖工艺、设备、压缩机、电控仪、管道等核心专业。师资建设方面，建成公司兼职培训师资源库，确定各级培训师258名，其中高级培训师33名，推荐尖兵团队21人、导师团队167人。校企合作方面，与中国石油大学（北京）共同成立联合研究院，全方面加强科研合作与攻关，全方位加强硕士、博士联合培养。

三是加强培训实施管控。坚持“管业务必须管培训、带队伍必须抓培训”的原则，积极落实“F类培训夯实基础、E类培训全面强化、C/D类培训巩固提升”的三级培训体系要求，以知识管理平台为抓手，实现培训工作从需求调查、培训计划、前期筹备、实施过程、效果评估到资料归档全流程闭环管理，进行全方位多维度管控，促使培训有效实施。

四、差异化定量定性考核，实现评价方式创新

分级分类健全完善人才评价机制，建立以创新价值、能力、贡献为导向的人才评价体系，强化考核评价结果的运用，人才评价工作从“步履蹒跚”到“登高望远”，方向更加明确。

一是分级分类健全人才评价标准。评价对象按“管理、专业、技术、技能”四支序列进行分类，根据专业属性和岗位层级进行横向、纵向划分，健全突出素质、能力、业绩等要素的人才评价标准，实行差异化评价。

二是改进和创新人才评价方式。坚持在实践中识别人才、发现人才，采取量化考核与定性评价结合的方式，强化靠创新价值、能力和贡献评价人才，克服唯学历、唯资历、唯论文倾向。全面推动认定业务转型升级，推行职业技能等级制度，完成认定机构属地备案，认定证书“含金量”大涨，认定合格人员领取地方政府补贴超 70 余万元，2 人获“北京市朝阳区第七届享受政府首席技师特殊津贴”荣誉。

三是搭建竞技比武“大擂台”。按照集团公司党组提出的“赛马机制”，北京管道公司立足生产实际，突出需求导向，创新赛制，不断提高竞赛员工参与率与工种（专业）覆盖率。2018 年以来组织公司级技术技能竞赛 13 次，创新举办“百问不倒”知识竞赛。倒逼员工自我提升，推动员工“要我学习”向“自我学习”转变，实现“以赛促学、以赛促训、以赛促练、以赛促融”。

五、精准匹配价值感获得感，推进激励措施创新

引入战略人力资源管理理念，搭建绩效管理体系和薪酬分配体系，拉大收入差距，充分体现“干多干少不一样”“干好干坏不一样”“干与不干不一样”，激励优秀人才从“吃大锅饭”到“自食其力”，成长更加积极。

一是搭建战略全员绩效管理体系。以平衡计分卡为核心，运用 KGBC（KPI 关键业绩指标、GS 重点工作任务、KBI 关键行为指标、KCI 能力测评指标）模型，100% 覆盖全员。搭建绩效管理信息系统，实现指标库、考核方案配置、业绩合同签订、绩效考核评价、结果应用全流程信息化管理。不同类别、层级人员分类分级考核，推行考核结果强制分布，强化考核激励约束作用，实现绩效考核结果的目标导向和价值引领。

二是推动薪酬分配体系创新。健全完善工资总额能增能减、员工收入能高能低的激励约束机制；引入宽带薪酬管理模式，淡化等级观念，体现员工能力素质和绩效贡献，适应公司扁平化管理模式；实施人才差异化精准激励，根据人才的知识价值和技术技能贡献合理确定薪酬待遇；公司“双百”骨干人才和导师尖兵，通过专项奖励的方式予以特别激励；“高精尖缺”人才，实行与市场价位和业绩贡献“双对标”的协议工资制，一事一策、一人一薪，保持一定的薪酬竞争力。

三是强化综合保障措施。开通北京市工作居住证申办通道，为员工子女入学创造条件解除后顾之忧；开展北京市人才租赁住房申请，发挥住房在稳定和吸引人才方面的保障作用。出台天津市人才引进落户政策，优先考虑技术技能竞赛选手、劳动模范和学历型引进人才。

党的二十大报告指出，“从现在起，中国共产党的中心任务就是团结带领全国各族人民全面建成社会主义现代化强国、实现第二个百年奋斗目标，以中国式现代化全面推进中华民族伟大复兴。”集团公司 2023 年工作会议强调“国有企业打造世界一流企业，是实现高质量发展的应有之义和必由之路，是实现社会主义现代化强国目标的重要举措”，并提出要坚持人才立企强企，着力打造堪当管网事业发展重任的高素质专业化管网铁军。高质量发展的关键在人才，北京管道公司党委将坚持以习近平总书记新时代人才观为指引，持续深入实施人才队伍核心竞争力提升工程，深化人才发展体制机制改革，不断激发人才创新创效活力，谱写“人才强企”新篇章。

聚焦"六能"机制建立 努力推动三项制度改革再创新成效

党的二十大报告鲜明提出，"深化国资国企改革，加快国有经济布局优化和结构调整，推动国有资本和国有企业做强做优做大，提升企业核心竞争力"，在新的历史方位赋予国资国企新的使命和任务。中央经济工作会议强调，"完善中国特色国有企业现代公司治理，真正按市场化机制运营"。三项制度改革作为国企改革的关键环节和基础性内容，其核心是解决"能上能下、能进能出、能增能减"等问题，是构建市场化经营机制推动高质量发展的动力机制和兴企良方。

近年来，公司党委坚持以习近平新时代中国特色社会主义思想为指导，认真贯彻集团公司深化三项制度改革的决策部署，紧紧围绕"六能"目标，坚持目标导向、问题导向、效果导向，持续深化劳动、人事、分配三项制度改革，以奋进的姿态，啃"硬骨头"蹚"深水区"，向改革要活力，向改革要动力，从而进一步激发队伍创新活力，形成了上下贯通、纵向推进的改革新局面。34 项 73 条改革任务基本完成，关岗人员 100% 签订《任期经营业绩合同》和《岗位聘任协议》；全员劳动生产率接近 650 万元 / 人；企业关岗平均年龄持续优化，"80 后"干部占比由划转前的 15.1% 升至 39.4%；每千米用工人数从"十三五"期间的 0.33，下降到目前的 0.23 以内。

一、坚持"瘦身健体、提质增效"，不断提升用工效率

公司按照"控总量、盘存量、调结构、提素质"的用工思路，一方面努力

增效，做大“分子”；另一方面持续减员，压减“分母”。以合同管理为核心、以岗位管理为基础的市场化用工体系逐渐完善，着力解决员工“能进不能出”的问题。

一是严把员工入口关，畅通员工退出渠道，持续改善员工队伍结构。公司2018年以来社会化精准补充本科及以上主干专业102人，有效改善了一线队伍结构；从考虑重点岗位人才接替和加紧储备各类紧缺人才考虑，近年来校园招聘82人，硕研以上占比78%，66%的毕业生来自“985”“211”和“双一流”院校，全部放在一线工作。这些“新人”为稳住安全生产基本盘，发挥了“稳定器”作用。同时，严格落实劳动合同试用期和合同期满考核制度，加大事故事件责任处罚力度，严格“十大禁令”，合理利用《劳动法》及劳动合同内容，依法合规解除劳动关系。不断加大竞争性考核力度，末位人员在优胜劣汰中心服口服、“体面”离开，避免“生硬”解除劳动合同。2018年以来，近200人离职（包括劳务单位人员返回原单位），有很多是在市场化的竞争压力下主动退出。

二是开展人才队伍核心竞争力提升工程，提升队伍能力素质。开展骨干人才、专家人才“双百双十”工程，200余人入选骨干人才库，167人入选三湾改编尖兵、导师团队，奖金激励超过100万元。创新竞赛形式，举办“百问不倒”知识竞赛，突破时间、空间壁垒，线上PK，提高活动参与率，员工知识水平大幅提升。引入“知识管理”理念，设计建设知识管理平台，推进人才培养工作平台化、数字化转型。平台上线半年来，累计登录9900人次，上传课程424门，试题近6万道，完成考试任务617次。集团公司安全环保部利用平台组织集团1877名安全管理人员考核，成绩提升4%，考核组织、数据分析的便利性获得集团好评。

三是持续压减机构定员，实现管道里程增长，用工总量不增。不断推进区域化改革，生产管控更加集约高效，基层运行管理单元数量由118个减少至30个，定员压减10%；实施简政放权，推进管理提升，分公司职能定员精简15.5%，本部部门数量压减12%，定员精简26.2%。推行“大专业、大岗位、大工种”，着力培养“一专多能”的复合型人才，员工由“值守操作型”转变为“维修技术型”，综合素质进一步提高，自主维检修率水平提升50%，压缩机4K、8K自主维保实现100%。

二、着眼“竞争择优、长远发展”，不断提高干部履职能力

公司党委坚决贯彻新时代党的建设总要求和新时代党的组织路线，坚持落实“抓好后继有人这个根本大计”，围绕“五大体系”建设，以干部任期制和契约化管理为抓手，着力解决干部“能上不能下”的问题。

一是打造坚强有力的中层班子。突出政治统领，推行班子专业化设置，着力打造专业完备、运转高效、功能互补的中层班子。班子职数由4至5人提高到6至7人。9个基层党总支升格为党委。定期开展“画像分析”，综合分析研判，交流、调整、提拔干部130人次，持续调结构、补短板，增强班子整体功能。实施输油气分公司班子党政正职分设，配齐分公司党委书记7人，选配专职副书记、纪委书记6人。

二是锻造高素质专业化干部队伍。坚持“德才兼备、以德为先”，在选拔任用工作中落实好干部标准，突出政治素质考察。落实从基层来到基层去的干部导向，在资格条件中明确基层实际工作经历不少于2年，新提拔干部80%来自基层，88%到基层任职。坚持五湖四海、任人唯贤，61%的新提拔干部为原市场化、劳务身份。向集团公司输送干部人才24人。落实任期制和契约化管理，关岗人员100%签订《任期经营业绩合同》和《岗位聘任协议》。

三是加强优秀年轻干部培养选拔。建立优秀年轻干部培养常态化机制，定期组织后备推荐，健全优秀年轻干部库。印发《关于加强优秀年轻干部培养选拔工作的实施意见（试行）》，实现由“偏重急用现找”向“统筹选育管用”转变，由“满足当前需要”向“谋划长远发展”转变。加强实践锻炼，选派10人参加集团公司“五十五百”挂职，安排内部挂职和实践锻炼27人。加大选拔力度，新提拔干部78.8%为“80后”，所属单位班子100%配备了“80后”干部，目前“80后”干部占比近40%。完善干部退出机制，发布了企业关岗和企业基层干部退出制度，分批次安排退岗24人（企业关岗18人、企业基层干部6人），企业关岗干部平均年龄由47.5岁下降至45.4岁。

三、突出“效益效率、差异化分配”，不断完善分配体系

公司坚持以效益效率为导向，以价值贡献为核心，不断完善薪酬分配制度，市场化的薪酬分配体系初步建立，各类人才薪酬分配水平与岗位价值、能

力水平、业绩贡献相匹配，着力破除收入“能增不能减”的问题。

一是全面落实分级管理的薪酬管控方式。推动工资制度由“身份+岗位”模式向“区域+岗位”模式转变，实行岗位差别化薪酬制度。加大了各单位薪酬分配自主权，指导各单位完善了奖金分配办法，奖金分配向技术技能人才、一线岗位以及业绩优秀、贡献突出的组织单元和个人倾斜。强化用工效率调节，根据主要生产指标量化评价得分排名，衡量各单位用工效率水平，按各单位工资总额基数的1.5%提取用工效率奖励，排名靠前的，加大奖励力度，鼓励各单位提升用工效率，关注价值创造。

二是加大考核结果与薪酬兑现挂钩力度。构建战略绩效管理体系，突出战略导向、结果导向，以平衡计分卡为核心，运用KGBC模型，开展100%全覆盖的全员绩效考核。所属单位工资总额与关键业绩指标和实际贡献挂钩，按用工效率进行联动调节，实现单位工资总额能增能减。强化全员绩效考核对公司、对所在组织的贡献导向。全员绩效是卓越组织绩效的前提和基础，按各组织单元工资总额基数的21%提取全员绩效考核挂钩奖励，侧重体现员工考核等级与奖金分配相匹配。

三是发挥专项奖励的精准激励作用。按工资总额基数的5%提取专项奖励，对在公司重点任务做出重大贡献的组织和个人进行精准奖励。健全完善重点人员精准激励机制。依据各单位生产管控模式创新改革情况和岗位设置实际，坚持向生产一线、关键岗位和艰苦地区倾斜的原则，差异化调整上岗津贴和夜班津贴标准。公司收入差距倍数达到了1.83，在集团位列第一。

开展三项制度改革工作以来，全体干部员工深切感受到了改革是激发企业活力的关键一招。北京管道公司将继续全面贯彻新时代党的建设总要求和新时代党的组织路线，在集团公司党组的坚强领导下，协同工作落实，蹄急步稳、“真刀真枪”深入推进改革，为集团公司高质量发展贡献北京管道力量。

以“京”文化凝聚精气神

文化是种像钉子一样坚硬的柔软东西，实施起来十分艰难，但取得的效果却牢不可破。北京管道公司一直很重视企业文化建设，在多年的发展历程中，在石油精神、“八三”管道精神的浸润下，公司形成了“奉献陕京、保障首都”的核心价值观，一代又一代的陕京管道人用实际行动诠释着这八个字的具体含义，在“内强素质外塑形象”等方面都发挥了一定作用。

近年来，面对国有企业改革重组的新形势，面对公司转型升级的新要求，如何在传承中创新、在融入中突破？面对当前纷繁复杂的外部环境和激烈竞争的市场态势，如何树立员工与企业同呼吸共命运的坚定信念？面对作业区改革的新举措，如何在管理层次减少，管理重心下移的改革中，保障安全平稳运营？这就需要我们借助于文化的功能来完成。文化的根本功能就是凝聚力的功能，简单地讲就是达成共识。助企业突破困境、解决难题、实现发展就必须要发挥企业文化作用，让广大员工拧成一股绳，铆足一股劲，心往一处使。

2019 年，公司首次在发展战略中提出要提升“企业文化核心竞争力”的要求。通过丹尼森组织文化模型问诊，公司发现加强企业文化建设必须先重塑企业文化理念。只有让企业文化结构中最为稳定、决定性因素的理念得到广大员工的认可和执行，才能实现员工价值和企业价值一体化，才能展现企业的全部价值，体现企业营运理念的升华。

一、顶层设计号脉定位，以“京”文化凝聚保供“首善之地”精气神

习近平总书记指出，文化自信是一个国家、一个民族发展中最基本、最深沉、最持久的力量。北京管道公司坚定文化自信，厚植家国情怀，在继承中创新，在创新中发展。2018 年，公司党委领导牵头开展《企业文化核心竞争力研究项目》研究，聘请专家老师指导共创，立足“管网之道”及“八三”优良传统，从中华优秀传统文化中摄取养分，聚焦筑牢“首都城市供气生命线”的使命任务，在传承的基础上，着力构建符合企业特点、具有时代特色、富有竞争力和创新活力的企业文化。经过多年完善，现已全面构建了具有鲜明陕京管道特色的企业文化体系，暨以“奉献、责任、执行”陕京气质为核心的一主多元“京”文化三级理念体系。

一级文化理念即公司文化，是公司“京”文化的骨干，包括公司以“行业领先的专业化管道公司”为奋斗目标，从宏观上明确了企业的发展方向；以“奉献陕京，保障首都”的核心价值观，与社会主义核心价值观的“爱国、敬业、诚信、友善”融会贯通；以“奉献、责任、执行”的陕京气质，进一步明确了工作要求。

二级文化理念即分公司文化，是公司文化“精神”的具象化展示，又称为品格。比如，北京处的“护城河品格”，体现陕京管道护卫“首善之地”，筑牢管道护城河，守好首都生命线的精神；陕西处的“沙柳品格”，体现陕京管道人默默坚守在毛乌素沙漠中，不屈不挠、无私奉献的精神。

三级文化理念即作业区文化，是分公司文化凝结出的基层战队“子”文化，又称为特质。比如“小草文化”和“石榴文化”等。如图 1 所示，“管网‘京’文化树”就是公司文化三级理念体系的缩影。它根植于中华优秀传统文化，生长于管道事业沃土，在独特的陕京气质上，各基层单位结合自身提炼了各自的特色文化，在树的上方，结满了基层站队的文化之果。正是通过这种形式，通过三级理念体系的建成，逐渐形成了公司—分公司—作业区文化相融共促的良好循环，使得企业文化这棵树能够枝繁叶茂。

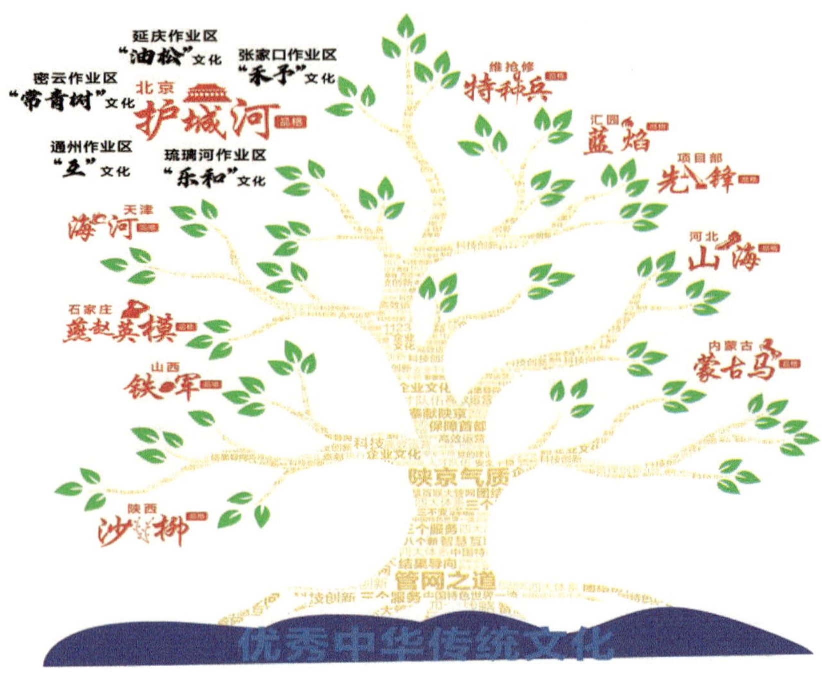

图1 “管网‘京’文化树”

二、全员参与催生文化自觉，有效载体推动“京文化”成为凝聚人心的源泉

在企业文化理念体系的推广中，我们通过各种载体和渠道发挥企业文化的引领作用。载体是思想的承载者，渠道是保证观念深入人心的重要手段，最终实现“统一思想、坚定信心、凝聚队伍、鼓舞干劲”的目的。

“以上率下”领航，使企业文化内化于心。认知，是企业文化建设的第一步。近年来，公司党委牢记“国企姓党”的政治本色，大力弘扬“苦干实干”的优良传统，通过务虚研讨、走访交流、文化大讨论等多种措施，企业文化理念体系得到进一步丰盈完善；在形势任务教育、“研学二十大、建功在陕京”等各项活动中，公司各级关岗人员多次对一级文化理念进行宣贯，构筑企业精神家园，为职工提供精神力量，为企业持续健康发展铸魂引路。在开展“基层站队讲管网文化”的活动中，就曾有员工说道：“最大化的贡献岗位价值就是我们的责任！”公司企业文化，由上至下形成共识，员工的归属感与认同感显著增强。

五铁精神赋能，使企业文化固化于制。企业文化成功的关键就在于文化与制度的高度融合，互为载体、互为依托。通过大力推进铁军文化建设，以“1+2”管理手册约束员工行为规范，以“1+3”铁军训练营锤炼过硬作风，并于每年八月集中开展技能大比武、狠抓落实岗位实践等活动，进一步涵养员工队伍攻城拔寨、攻坚啃硬的锐气。做到“文化制度化、制度文化化”，实现文化柔性与制度刚性的相互融合与和谐统一。在2022年压缩机自主维保动员大会上，工程师王希田曾对他带领的维保小组成员说到“这次自主维保，咱们且干且学，关键技术必须掌握在自己手里”。在他带领下，维保小组顺利完成了6台RMG截断阀试点维保、27台发电机维保、6次调压阀故障处理等20多项自主维保任务，逐步摆脱了对厂家的技术依赖，通过自行加工实现进口配件国产化替代，打破了必须选用原厂配件和代理商技术服务的神话。用实际行动践行了“管网铁军，听党指挥，能打胜仗，作风优良”。

优秀作品护航，使企业文化外化于行。2022年，员工姜国荣勇救落水儿童后说：“我没想那么多，我心里就想着，我得上。”公司强化企业文化的一切努力和最终的追求就是员工行为习惯的形成、共同的行动模式以及明确的价值行为选择。而优秀的文化产品正是促进文化深入人心的重要手段之一。公司在发展过程中，不断积累形成了《管网“京”彩》手册、快板书《见义勇为颂》、微电影《脉》、司歌《大地的脉搏》等许多看得见、摸得到的文化产品。其中微电影《脉》作为首部管网行业环保题材电影，先后荣获第九届亚洲微电影艺术节优秀作品奖和第一届全国产行业职工微电影节二等奖。在第一次观影后，就有不少老员工看红了眼眶，《大地的脉搏》更是在集团公司2021年会师节上创造了百人合唱团的历史记录。这些文化产品不仅丰富了文化传播的方式，更引起了员工的普遍共鸣，让文化真正走进员工心里，成为为全体员工的自觉意识形态。

三、全面融合促进文化落地，“京文化”助推公司和谐稳定高质量发展

文化建设是支撑战略实现、助推改革发展的根本保障。优秀的企业文化是企业长盛不衰的基因，对提升企业核心竞争力，促进企业科学全面发展具有不可替代的重要作用。

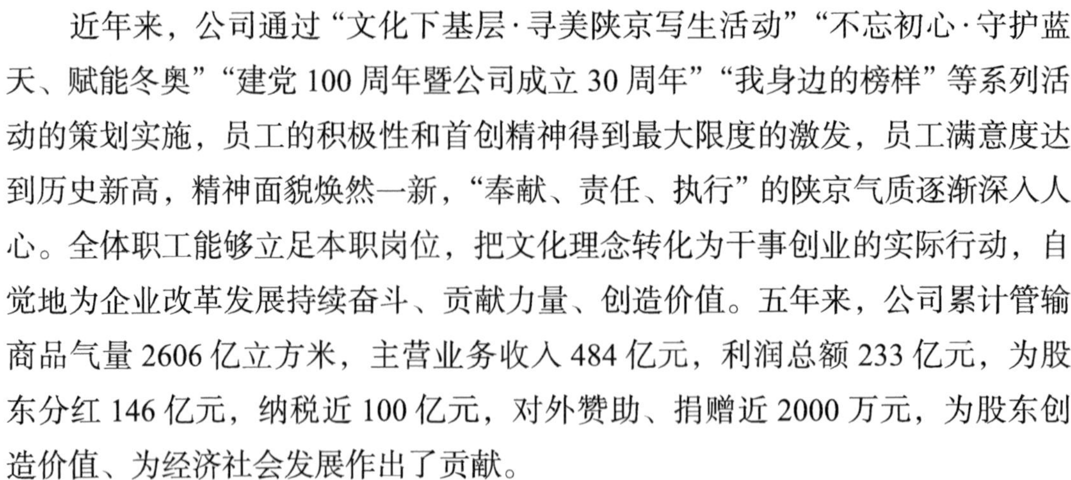

近年来，公司通过“文化下基层·寻美陕京写生活动”“不忘初心·守护蓝天、赋能冬奥”“建党 100 周年暨公司成立 30 周年”“我身边的榜样”等系列活动的策划实施，员工的积极性和首创精神得到最大限度的激发，员工满意度达到历史新高，精神面貌焕然一新，“奉献、责任、执行”的陕京气质逐渐深入人心。全体职工能够立足本职岗位，把文化理念转化为干事创业的实际行动，自觉地为企业改革发展持续奋斗、贡献力量、创造价值。五年来，公司累计管输商品气量 2606 亿立方米，主营业务收入 484 亿元，利润总额 233 亿元，为股东分红 146 亿元，纳税近 100 亿元，对外赞助、捐赠近 2000 万元，为股东创造价值、为经济社会发展作出了贡献。

“巡检率不上去我就下去”北京分公司延庆作业区党支部书记，用这句狠话给所有段长表达了严肃考核巡护单位的决心。企业文化已成为一根纽带，把员工的个人追求和企业追求紧紧联系在一起，公司全体员工像磁石一样团结在一起，奋勇前进，有力保障了冬奥会、冬残奥会、全国“两会”期间的天然气平稳供应，圆满完成党中央和集团党组交给的重大政治任务，获得国务院国资委、北京市委市政府、集团公司党组高度评价。

公司“京”文化三级理念体系企业文化的建设是一个循序渐进的过程，接下来北京管道公司还将通过持续的培育、宣贯和实践，把虚功做实，为公司和谐稳定健康发展保驾护航，带领广大员工深入践行“奉献陕京 保障首都”的价值观，以担当者的气概和领先者的魄力，不忘初心、砥砺前行，努力谱写行业领先的专业化管道公司新的篇章，为实现党的“两个一百年”奋斗目标、为实现中华民族伟大复兴的中国梦作出新的更大的贡献。

传承红色基因 打造管网铁军

五年来，北京管道公司党委坚持以习近平新时代中国特色社会主义思想为指导，深入学习贯彻党的十九大、二十大及历次全会议精神，全面落实集团公司党组决策部署，认真履行从严治党主体责任，奋力提升党建在生产经营上的价值贡献度，为公司高质量发展提供坚强政治保证。

一、加强政治建设，永葆政治本色

深入学习贯彻党中央重要会议精神。坚持把深入学习贯彻习近平新时代中国特色社会主义思想和党的十九大、党的二十大精神，作为首要的政治任务，引导广大党员干部牢固树立“四个意识”、坚定“四个自信”、践行“两个维护”，更加扎实地将党中央的各项决策部署落到实处。制定《中心组学习实施细则》，采用“领学讲解 + 主旨发言 + 讨论交流”方式，组织公司党委中心组学习 54 次；建立“第一议题”机制，围绕习近平总书记重要讲话精神及时学、跟进学 77 次。

建立健全党委发挥领导作用的制度机制。坚持把党的领导与完善公司治理统一起来，修订公司章程，明确公司党委在公司治理结构中的法定地位，厘清各治理主体权责边界；完善“三重一大”决策制度，明确重大事项议题管理机制。召开党委会、董事长专题会、总经理办公会等决策性会议 130 余次，决策事项 340 余项，党委把方向、管大局、保落实领导作用有效发挥。

压紧压实管党治党政治责任。牢牢抓住党建责任这个“牛鼻子”，全力发挥管党治党领导作用，持续加强和改进党的建设，每年制定《公司党的建设工

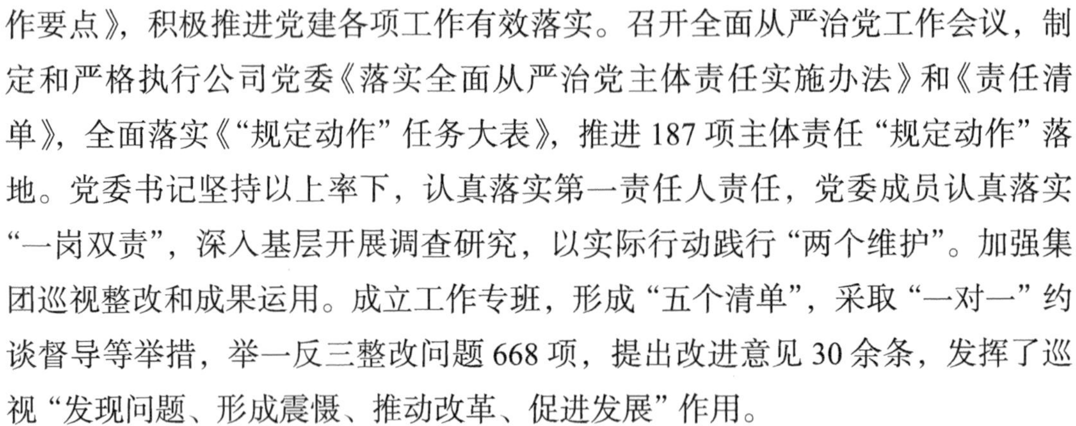
作要点》，积极推进党建各项工作有效落实。召开全面从严治党工作会议，制定和严格执行公司党委《落实全面从严治党主体责任实施办法》和《责任清单》，全面落实《“规定动作”任务大表》，推进 187 项主体责任“规定动作”落地。党委书记坚持以上率下，认真落实第一责任人责任，党委成员认真落实“一岗双责”，深入基层开展调查研究，以实际行动践行“两个维护”。加强集团巡视整改和成果运用。成立工作专班，形成“五个清单”，采取“一对一”约谈督导等举措，举一反三整改问题 668 项，提出改进意见 30 余条，发挥了巡视“发现问题、形成震慑、推动改革、促进发展”作用。

二、感悟思想伟力，凝聚奋进力量

一是以问题导向为切入点，抓实“不忘初心、牢记使命”主题教育。聚焦“三个早字”夯基础。一是配备机构早指导。活动伊始成立了主题教育领导小组、办公室和三个巡回指导组，加强监督指导。及时向集团公司指导组报送成果材料，《中国石油报》头版刊发报道一篇，集团公司简报刊发 3 篇（条），集团公司指导组简报刊发 11 篇（条）。二是细化方案早启动。第一时间编制了工作安排和运行表，明确了 6 方面 20 项任务；结合新要求细化了第二批活动 9 方面 31 项具体任务，为基层提供了“工作指导书”。三是丰富活动早预热。组织纪念建党 98 周年、“两优一先”评选、劳模宣讲等活动，开展了主题党日、“三会一课”、党性教育、警示教育，增强学习教育实效；通过主题教育专栏、公司主页、微信公众号广泛宣传，为主题教育持续加热升温。

强化“四个先字”见实效。一是学习教育先学。采用“大讲堂”学习研讨方式，确保学习教育做得早、做得实。二是调查研究先行。紧扣“政治站位有高度、调研范围有广度、发现问题有深度、关心员工有温度”，两级班子成员先下基层，共开展调研 191 次，发现问题 343 个。三是检视问题先做。领导班子结合问题“回头看”、学习调研、征求意见等情况，对标深入检视问题。四是整改落实先改。编制《检视问题整改和专项整治工作方案》，明确 28 项问题、68 项整改措施，目前已完成 38 项具体措施。

突出“三个活字”提质量。一是搞活形式。学习研讨“领学讲解 + 主旨发言 + 讨论交流”的“小组合”方式，加深了对新思想的理解；“组团”式调查研究，不仅提高了质量，还为基层减了负。二是讲活党课。“全体讲、分路讲、

外部讲、换位讲、对外讲”的“五讲”方式，增强党课实效。三是用活载体。广泛开展以劳动竞赛、技能比武为主要内容的“四个诠释”岗位实践活动，增强了活动效果。

二是坚持“发展为了人民”理念，扎实推进党史学习教育。始终把人民群众的安危冷暖放在心上，围绕集团24类59项重点任务，运用“学思践悟验”五步法扎实推进党史学习教育。

聚焦目标，学深悟透。制定“1+6”方案体系，采用“七个一”“3+2”方式推进学习教育，做到以讲促学、以赛促学、以展促学。开设学习讲堂，邀请党校专家讲课17次，围绕“七一”讲话精神专题研讨4次；成立4个宣讲团，深入基层宣讲28次；组织3期中层干部读书班，撰写学习心得86篇；举办“党课开讲啦”活动，制作精品党课视频11部，《唱支山歌给党听》微视频在央视网上得到展播；开展“央企百年跟党走”主题党日140余次，参观红色教育基地2500余人次。

聚焦实干，务实为民。两级班子共征集基层员工、沿线群众“急难愁盼”事项共197件，办结率100%，如对内更新生活设施、申办公租房、升级商业保险、调整基层伙食补助、推进健康行动计划等暖心措施，解决员工后顾之忧；对外为村民建设“连心桥”、向受灾村镇捐助生活用品、修缮沿线学校及村广场、排查居民用电隐患等，增进鱼水之情。

聚焦服务，开创新局。践行“三个服务”宗旨，落实“双碳”战略，举办“论道陕京、智通未来”油气发展论坛，研究掺氢输送技术，开展压缩机自主维保，拓展下游市场，推进构建“X+1+X”油气市场体系，为保障国家能源安全发挥更大作用。10月26日迎接中央企业第二指导组检查指导，受到好评。

三、夯实党建基础，筑牢战斗堡垒

推动大党建体系贯穿基层，打通党建“最后一千米”。编发《公司大党建体系建设方案》，梳理《履责要点清单》，明确责任主体和分工，层层压实党建责任。承接集团作业区融合矩阵试点（永清）任务，细化融合点86个，助推党建数字化转型。成立3个调研组到9个基层党建薄弱支部开展宣讲及实地辅导，查找共性问题14项，提出7项建议。制作3期《党建重点知识提示》，组织130名党务人员召开基层党建经验交流会，为基层答疑解惑。扎实开展公司内部党建责任制考核，完成 38 项问题整改工作。结合公司高质量发展和简政放权的需要，2019 年将 7 个基层党总支改设为党委，更好地发挥了党组织在基层单位的领导核心作用，公司党组织健全率始终保持 100%。

紧盯基层党建“三化”落地见效，筑牢坚实战斗堡垒。扎实推进专业化分工，结合“建运维研”四大业务分别探索了“党建联盟”“党旗飘扬在属地”“特种兵管理”“党员攻关组”等党建专业化模式；克服重重困难，先后在油城大庆、革命圣地延安等地举办 5 次党务人员培训班，2022 年培训班组建 8 个课题小组，开展实践课题研究，交流分享成果 12 项，党务人员使命感和专业能力得到新提升。大力开展标准化建设。承接并完成集团《基层党建标准化手册－工作运行分册》编写任务，同步完善公司党建标准化相关制度，考核指标与达标定级相统一；4 个党支部被集团评定为“标杆党支部”。建成 29 个“党建＋文化”阵地（其中油气管道体验馆被评为集团公司思想文化教育基地）。深化拓展网络化集成。挖掘“六共建五创优”活动潜能，内外部结对 47 对，开展活动 77 次，助力解决“点好面差”问题。开展“四联点”驻站跟班活动，驻站 160 余人次，帮助基层解决问题 207 项；围绕生产经营开展“三个三主题党日＋”活动 400 余次，持续提升融合实效。

抓实党员身份意识提升“1+3”行动，发挥党员先锋模范作用。从严做好党员发展工作，突出政治标准，重视在生产骨干和优秀青年员工中发展党员，5 年来发展党员 130 余名，其中生产一线占 90% 以上。2022 年承接了集团党员身份意识提升试点任务，重点选取阳曲等 8 个作业区试行“一点一区一岗一队”做法，划定 118 个党员责任区，发现解决问题 1953 个；推选 56 个党员示范岗，创新创效成果 86 项；组建 31 个党员突击队，完成急难险重任务 92 项；组建 25 个党员先锋队，完成攻坚克难任务 48 项。党支部书记代表梁海峰在集团“庆七一”大会上作典型发言、党员代表聂万鹏参加国资央企在京单位党代会并发言，得到好评。

四、突出思想引领，凝聚群团合力

始终加强对群团组织的领导，充分发挥其职能作用和助手作用。推进民主管理，积极落实全国总工会《2019—2023 年全国企业民主管理工作五年规划》，每年召开职代会，解决职工提案 11 项；积极推进厂务公开，利用党建阵地“阳

光屋”有序公开涉及员工权益事项。深化典型培养选树，弘扬劳模精神、劳动精神、工匠精神，2018年来评选公司先进工作集体45个、先进个人202人次，阳曲作业区等6家单位和曹延双等8名员工获得集团“五一”先进表彰。突出岗位实践建功，建成6个工匠室，征集“五新五小”经济技术创新成果36项；协同流程运营知识竞赛，800多名基层员工得到能力提升。积极开展“暖心行动”。持续推进“我为群众办实事”活动，常态化开展慰问、帮扶、员工疗养工作；加大健康关怀，协调完善“平安健康”绿色通道，组织健康体检及咨询，增配健身器材，组织“健步走”等文体活动。开展庆祝建团百年系列活动，聚焦服务青年成长成才，举办“青马工程”70人培训班，实施青年精神素养提升工程；组织成立12支青年志愿服务队，服务管道沿线群众2万人次。组织统战对象开展“共绘央企同心圆、聚力献礼二十大”主题活动，队伍向心力和凝聚力进一步增强。

精准洞察赢得发展先机 全面分析打造管网数据高地

市场信息的全面性、准确性、及时性是国家管网发展市场化战略、厚植市场开发能力、打造“X+1+X”油气市场体系、构建“全国一张网”格局的基础。北京管道公司始终贯彻“五个坚持”的总体方略，深化“以客户为中心”的服务理念，锚定“市场占有率、资源入网率、管道负荷率”提升目标，依托市场中前台客户服务体系和平台数字化赋能，全方位开展市场洞察和分析工作，为公司乃至集团打好市场开拓攻坚战指明了方向，提供了根本遵循。

一、多维度、全覆盖市场调研，做好洞察“侦察兵”

属地联动抓调研，全面摸清资源家底。北京管道充分发挥沿线属地优势，组织各分公司开展6省市“全覆盖”调研，对各省区市天然气的区域市场总体情况进行摸排整理，前后开展3次市场调研动员部署会，走访当地各省市政府能源机关、民燃企业、大工业用户、地方管道企业等单位和企业，形成了所辖区域资源信息表、基础设施信息表、用户信息表、特许经营权信息表的“四表”和基础设施分布图、燃气企业经营范围图、工业园区和重点客户分布图、各层级用户拓扑图的“四图”，全面掌握了6省市天然气市场供应及市场需求等基本情况，对各地区的主要发展提供了相应的意见和建议。

形成制度抓调研，建立调研走访机制。一是市场部制定市场调研计划，形成市场洞察和项目储备双周报制度，打造“精准协调，重点公关”常态化工作

机制。市场营销团队持续补充完善市场信息数据库，每两周将市场调研情况以双周报形式进行上报，由市场部筛选汇总，提取关键信息并上报至公司领导和相关部门，做到市场信息纵向贯通、横向协调。从 2022 年 9 月份以来，市场团队累计走访下游用户 400 余次，走访政府 150 余次。二是建立“地方政府—用户”分级对接制度。自 2021 年以来，公司领导带队分别拜访了省级能源主管部门、对接三大油基石托运商、对接分输量 10 亿立方米及以上用户，所属分公司对沿线已有及潜在用户以一对一走访或召开用户对接会等形式开展交流，累计走访对接 200 余次。

聚焦项目抓调研，融入规划促发展。北京管道市场部以“资源上载、通道疏通、服务市场”为原则，结合十四五滚动规划编制工作，组织开展省区市内支线管道建设调研，提出支线建设建议 14 项，总管道里程超过 1100 余千米。同时，公司结合新建管道市场专项可研工作，组织分公司联系潜在用户及托运商进行多轮次对接和宣传，编制资源与市场调研报告，积极组织开展支线的资源与市场专项调研，深度参与项目可研工作。

二、编制区域资源与市场报告，做好市场“工具书”

公司党委高度重视市场洞察工作，瞬速响应部署调研工作，积极推进市场调研报告的编制工作，为加快市场开拓、省网融入、工程建设协同推进提供了强劲支撑。在各分公司共同努力下，结合扫街式摸排调研成果，公司历时 2 个月调研编制完成了京津冀晋蒙陕六省区市《天然气资源与市场调研预测报告》。

聚焦资源市场情况，分析发展状况。公司六省区市将《天然气资源与市场调研预测报告》数据打造成为管网的“硬核”优势和战略资源，基于数据动态做好市场分析研判。各分公司市场开发专班人员抗住疫情防控压力，精益“扫街”开展调研走访，对六省市区天然气的区域市场总体情况、能源发展情况、市场开拓策略进行精细摸排整理，形成了精细化省内资源市场调研报告。

报告聚焦了六省区市社会经济能源基础、天然气发展现状、城燃企业发展现状，理清了区域内资源供应潜力及平衡分析、天然气市场需求预测、储运设施规划等问题。从天然气发展现状入手，提供了各区域供气格局、管输费用情况和国家管网资源占比以及公司占比优劣势等信息，给出了未来市场开发跟进的所有市区县以及潜在目标城市，明确了公司与相关资源主体竞争的优势及一体推进方向。

聚焦国家政策，提出规划建议。从社会经济能源基础来看，报告梳理了六省区市的社会经济基础、能源供需结构和环境质量状况，明确了各区域的区位优势以及在国家“双碳”战略下的各区域对清洁能源需求潜力和空间率。

从天然气市场需求预测来看，报告对六省区市的需求趋势、需求结构、可承受价格等进行了科学研判并取得了相应的印证数据，为国家管网构建“全国一张网”格局和省网融入规划提供了科学参考和有力支撑。从资源供应潜力及平衡分析来看，报告对六省区市的国家管网保障资源供应潜力和供需平衡进行科学分析，重点突出了该区域“十四五”期间产供储销变化，为国家管网和北京管道公司下一步引领资源布局提供了“弹药”。从储运设施发展规划来看，报告汇总了六省区市在“十四五”期间的管网建设规划、储气调峰能力建设规划，为公司在该区域市场开发找准了切入点并提供了政策支撑，也为国家管网更快更好地嵌入该区域贡献了价值。

聚焦供需关系，打通市场开拓最后一千米。六省区市《天然气资源与市场调研预测报告》明确了公司市场开发重点方向和重要客户，细分了市场和客户需求，为未来 1 至 2 年的行动给出了良好建议，做强了“从客户中来到客户中去”的核心价值链。

报告从城燃企业发展状况来看，把六省区市的城燃整体布局、大型燃气公司现状等进行了详实梳理，为国家管网锁定重要客户、嵌入重要地区市场给出了参考依据，也为公司下一步市场运营提供了牵引点。

三、精细开展走访摸底，科学制定管输计划

公司市场部按年度组织基层单位市场团队依次对中石油、中石化、中海油及上下游约 400 家企业单位进行走访摸底工作，挖潜增输增效，持之以恒把“消瓶颈”作为管道增输的突破点，准确获悉上下载气量需求，为公司科学制定来年管输计划奠定了坚实基础。

党建引领、共克时艰。年初以来，北京及管道沿线地区疫情反复，为公司制定年度管输经营计划带来了巨大挑战。为了有力破局，公司党委认真分析研判，以“一个中心，两支队伍，三个围绕，四项活动和五个着力”为原则，共同进行难点攻坚。面对同一区域多家兄弟单位竞争的局面，公司分别与三大石

油公司进行支部共建，提质增效出实效，服务客户得共赢，实现了党建活动对市场开拓中心工作保驾护航。

精心服务、精细走访。为实现精准制定公司管输经营计划，公司市场部人员以“五铁”为遵循，以“六个抓落实”为执行手段，抢新机、闯新路，科学运用自身市场开发体系，充分发挥一线“前哨”和“窗口”优势，争做洞察陕京管道下游市场的“瞭望塔”。同时积极挖掘合作商机，确保对区域内已有客户及潜在客户进行全面拜访，细耕市场需求，精准掌握托运计划。期间，公司市场部和基层市场团队精准制定工作大表，明确分工压茬推进，于 2022 年 10 月先后邀请、拜访三大石油公司六省区分公司、北京燃气、津燃华润、河北天然气、长庆油田、延长石油等重要客户 600 余次，分别就落实管输量、互联互通项目推进、上下载点接入等问题进行了磋商，为下年度管输计划量编制奠定了夯实基础。

动态调整、保畅促访。自 2022 年 9 月以来，北京、天津、陕西、山西、河北和内蒙古先后发生疫情，导致走访摸底工作严重停滞。公司市场部超前统筹谋划走访节奏，调动各基层单位市场专员与上下游客户游紧密对接资源及需求，实时关注、每日跟踪，敏锐洞察市场需求。同时公司市场部积极组织托运商召开线上见面会，建立长效沟通机制，以就近对接为原则，积极推进京内走访，及时了解在京单位各上下载点输配计划，确保经营计划科学合理。

四、抓实抓细天然气市场规划，做好市场“指南针”

不谋万世者，不足谋一时；不谋全局者，不足谋一域。为更好地推动“X+1+X”油气市场体系建设，公司以提升资源入网率和市场占有率为目标，抓好分省（通道）市场规划编制，统筹推进各省工作。

一是深入洞察，审时度势，准确定位公司市场开发方向，提升市场开拓战略引领能力。公司深入调研客户需求，研判行业发展态势，立足公司实际和发展愿景编制了公司市场开发方向指引，指引各项主营业务发展。

二是巩固和提升集团管网市场占有率。公司在确保安全生产底线的基础上，予以市场化运作的灵活度和适度超前性，提高市场渗透率和覆盖度。积极发挥参股省网合作共赢的市场地位，新增上下载项目“应开尽开”，优化审批流程，适度下放审批权限。

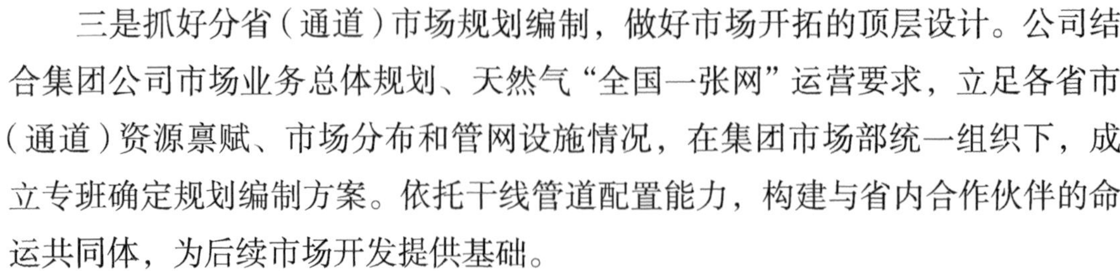
三是抓好分省（通道）市场规划编制，做好市场开拓的顶层设计。公司结合集团公司市场业务总体规划、天然气“全国一张网”运营要求，立足各省市（通道）资源禀赋、市场分布和管网设施情况，在集团市场部统一组织下，成立专班确定规划编制方案。依托干线管道配置能力，构建与省内合作伙伴的命运共同体，为后续市场开发提供基础。

四是合理限制竞争对手设备设施与管网连接，联合省内合作伙伴积极向对手管道范围渗透。主动将管网发展规划融入当地发展规划，积极与政府主管部门加强联系，在工程项目手续办理、市场信息获取等方面能找对人、办成事。

五、数字赋能，高效打通信息传达通道

为贯彻公司数字化工作部署，推进市场信息共享，协同推进市场开拓工作，市场部结合 2.0 市场到回款流程运行工作，利用 Welink 低代码构建了北京管道公司市场信息共享平台。

该平台集成了市场洞察与项目储备双周报报送、项目任务跟进、地区天然气时事报送等功能，自动对共享的市场信息进行统计分析，通过图表等形式直观展示，有效助力公司市场工作的开展。市场营销团队人员经授权后可通过 Welink 在 PC 端和移动端进行登录使用，既保证了市场信息的保密性，又起到方便快捷的效果。信息共享平台的建立积极响应了集团公司“流程、数据、IT”一体化推进建设要求，快速实现市场业务应用、创造市场业务价值，为市场营销团队搭建了一个信息上传下达的纽带。

天然气是保障我国能源供应和能源安全、保护生态环境、改善能源结构的重要战略资源，天然气市场精准洞察是公司开拓市场赢得发展先机的重要前提，市场洞察信息的智能化分析水平是公司市场部发展水平与核心竞争力的重要体现。北京管道市场部通过全方位市场调研，精准编制市场“工具书”，通过数字赋能互通市场信息，共享市场资源，构建合作机制，实现多方共赢，为公司高质量发展、集团一张网布局提供了有力的支撑。

坚持客户需求为主导　打响管网服务品牌

国家管网集团北京管道公司始终坚持客户至上、服务为本的服务理念，坚持提供的能源基础设施运营服务有价值、有品质、有温度，能够满足不同客户的不同需求，能够为客户创造新的市场需求和增值空间，能够给客户创造惊喜体验，做到每一次服务都让客户满意。打造卓越品牌，使北京管道品牌经得起市场考验、社会考验、时间考验，成为知名度高、赢得客户高度认可的品牌，成为具有很强社会公信力、能够增加公司服务附加值的品牌，成为让一代又一代人口口相传、在公司发展进程中体现价值和稳定性的金字招牌。

一、完善市场经营体系，统筹建“中台”与强“前台”

成立由公司领导为组长，本部市场部和各输油气分公司市场营销人员为主要成员的31人客户经理体系建设专班队伍，负责客户经理体系在京津冀晋蒙陕区域的落地实施。

为贯彻落实国家管网集团“一张网、一中心、一公司”的管控准则，切实做强“从客户中来到客户中去”的核心价值链，打造最有胆量、最有血性、最有创意的市场工作团队，全面提升市场开发能力和水平，实现公司高质量发展，按照集团公司《构建市场开发运营体系工作思路》“建中台、强前台”的总体部署，根据《国家管网集团天然气业务客户经理体系（即前台体系）建设方案》，结合京津冀晋蒙陕市场实际情况，制定北京管道公司客户经理体系落地方案。承担起京津冀晋蒙陕天然气市场建设，瞄准加快形成“X+1+X”天然气市场体系目标，发挥各地区公司良好的区位优势、企地关系和人才资源，落实改革要求，着力构建以客户为中心、客户经理为基本业务单元的前台体系，打造业务能力强、综合素质高的标准化市场开拓特种部队，实现中台全面精准支撑、前台深度精准营销的市场开拓模式，加快形成覆盖6省市、资源共享、长输管道、地方省网、城市配网互联互通的管道“一张网”，为集团公司建设世界一流能源基础设施运营商贡献力量。

方案明确北京管道客户经理团队及管辖范围，人员编制，岗位定级，客户分配原则，客户经理团队岗位职责，人员选拔与聘任的任职资格、聘任程序、晋级降级的管理要求，目标考核、过程考核、三维评价这三个维度的考核与激励办法，明确地区公司市场部作为中台支撑发挥承上启下作用，为客户经理团队提供炮火。

（1）公司市场部主要负责贯彻国家和集团公司有关油气管网设施公平开放的方针政策和规章制度，落实集团公司市场洞察与开拓、公平开放、市场营销和客户服务工作部署，落实集团公司下达的与客户有关的经营指标。

（2）负责公司市场洞察、服务产品策划与开发、市场营销、合同生成执行与回款、客户服务和运营支撑的流程业务管理。配合集团推动数字化转型和建设维护交易平台。

（3）承接年度考核指标，对客户经理团队工作进行支撑、培训、督导和考核。

（4）研究宏观政策、解读行业信息，并将结果发布分享，支持客户经理团队编制市场洞察项目规划建议，制定、完善管道分布图、重点客户分布图等，为前台提供作战图；推动省网融合，提出省网投资收购和管道规划建设建议，负责省网融入战略合作协议签署后的具体实施工作。

（5）负责《资源与市场专题报告》选商工作，配合编制《资源与市场专题报告》，获取大区级客户的气源支持函及合作意向协议。

（6）根据客户经理团队需求提出新产品建议，对接和定期拜访大区级客户。

（7）根据客户经理团队需求策划及执行营销活动。

（8）参与制定集中受理规则，并参与集中受理业务。

（9）推动新增上载点和下载点申请通过所属企业各部门及总经理办公会审查；项目批复后，协调所属企业各部门进行项目建设及投产。

（10）执行商务合同和结算、编制管输计划预算，报送公平开放信息、应急保供结算处置及争议问题处理、统筹申请铺底气集中采购。配合集团公司市场部做好上下载平衡管理、日指定管理。监督各客户经理团队经营计划执行情况；做好经营指标统计分析，对托运商管输路径、管输费用分析并提出优化建议。配合财务资产部开展成本监审、管输定价相关工作。

（11）做好大区级客户服务，促成大区级战略合作。

编制冬季保供方案，开展冬季保供应急演练，协调冬季保供应急事件，落实“冬夏一体化保供”等专项工作。

二、配合集团公司上线开放服务和管容交易平台，推广“一票制”联运结算

构建公平开放大平台，突出开放透明，建立公开的商业规则、公平的市场秩序、专业的服务体系、满意的价格机制，利用先进的技术手段，与商业伙伴共同搭建运营卓越、服务完善的管网平台，实施市场化、平台化战略，围绕公平、高效、开放、共赢的目标，建立市场化容量分配机制，提高基础设施负荷率。

交易平台的建设实现了国家管网公司客户管理、商品管理、交易管理、合同执行、营销计划与结算管理的业务全覆盖与线上全闭环，整合了原中石油、中石化、中海油等资产的核心要素，并按照集团数字化转型整体工作要求，推动流程变革，落实“市场到回款”核心流程，整合全国“一张网”天然气管输业务。为国家管网市场业务人员提供高度贴合业务实际、方便快捷的应用支持；为客户提供产品结构化的使用支持，实现一站式服务窗口。

2021 年 12 月 23 日参加交易平台一期上线启动会。并按照集团公司客户服务管理专班的工作要求，进行客户资质审核和新增申请客户信息录入、合作伙伴信息管理录入、参与分级评价规则制定。

2021 年 12 月 20 日至 2021 年 12 月 31 日参加集团公司市场部组织的集中办公，期间参与制定了管容及储气库集中受理分配规则、天然气管道服务集中受理评细则、储气库竞拍交易细则、管输及储气库受理管理办法等，逐条讨论了天然气管输服务合同，初步对接了通过公平交易平台实现集中功能。

2022 年 2 月 16 日至 25 日参加国家管网集团交易平台一期项目上线第二次集中办公，参加市场开发及商务计划业务培训、天然气管输示范合同文本培

训、交易平台系统功能培训；进行合作伙伴信息核准确认、客户分级指标数据库和规则讨论、分级模型试算、路径查询功能测试、市场调研信息填报、集中受理容量分配、商务计划及结算业务报表建设等相关工作。

2022 年 3 月 14 日至 25 日参加国家管网集团交易平台一期项目上线第三次集中办公，参加托运商准入、订单管理、合同管理、日指定管理、结算单管理培训；进行集中受理托运商订单管理、合同生成及合同执行管理，中石化、中海油路径拆分及测算等相关工作。

2022 年 4 月 1 日平台正式上线运行。

三、利用各种宣传会，做好市场推介

邀请中石油、中海油、中联煤等多家重点客户深度会谈，对公司基本情况、发展规划、国内天然气资源供应和市场消费情况、促进资源市场交流匹配方式、推出储运通存借气零散气上载、液卖气交等新服务的思路和举措进行了宣贯交流。此外进一步介绍托运商介绍市场洞察发现的拟建支专线项目，公平开放运营的理念和措施。坚持客户至上，深化公平开放，要为客户提供多样化定制化服务。加大服务新产品研发力度，借鉴产品新设计、探索合作新模式，发挥北京管道地理优势，优化市场策略，推出长短期、高低价、大小量等一揽子组合，为客户提供管输“一站式”服务，建好算力中台，更好满足个性化服务需求。

“上善若水”我们的企业要像水一样能随机而变，随形而变才能适应当前激烈的市场竞争，才能满足客户的需要。坚持以客户需求为导向的战略是时代发展的要求，市场变化的要求，是以客户为出发点对公司商业模式的一次优化和创新。体现管网始终坚持客户至上、服务为本，提供的能源基础设施运营服务非常有价值、非常有品质、非常有温度，能够满足不同客户的不同需求，能够为客户创造新的市场需求和增值空间，能够给客户创造惊喜体验，做到每一次服务都让客户满意，打响服务卓越、品牌卓著、创新领先、治理现代、与众不同的管网品牌。

立足管道新业务开发　打造效益新增长极

随着天然气行业不断完善和发展，天然气从西气东输供应为主逐步改为西气东输、西南中缅、东北中俄、海上 LNG 四大通道供应的布局，北京管道作为京津冀、晋陕蒙六省市管道气供应单位，面临着短距离资源替代长距离资源问题，增量不增效明显，亟需开展新业务来拓宽增值服务，打造效益新增长极。

一、总结五年历史数据，资源市场机遇与挑战并存

2018 年，公司西部气源占比 78%，东部气源占比 22%，随着中俄东线管道与陕京二线互联互通及天津接收站 LNG 气化资源入网量增加，到 2021 年，西部气源占比降至 70%，东部气源占比增至 30%，且随着俄气大幅增量，西部资源占比下降更加突显，在西三线中段投产后（规划 2024 年投产），西部资源将进一步大幅缩减。图 1 是近五年东西部资源量统计表，表 1 是近五年资源结构表。

北京：最主要存量市场，资源基本由外省调入，供应主体为中石油，占比达到 96.0%，由公司陕京管道输送，城镇气化率达 90%，一次能源占比 36.6%，远高于全国平均水平，未来发展空间很小。

天津：重要下游市场，主要资源供应量依靠 LNG 接收站，2021 年装卸能力 1325 万吨，约 186 亿立方米，形成“长输管道气、进口 LNG 为主，区域内油气田为辅”的供气格局，天津市城镇气化率高达 90%，一次能源占比 17.5% 超过全国平均水平，消费以燃气发电和工业燃料为主，城镇燃气和工业增长潜力较小。

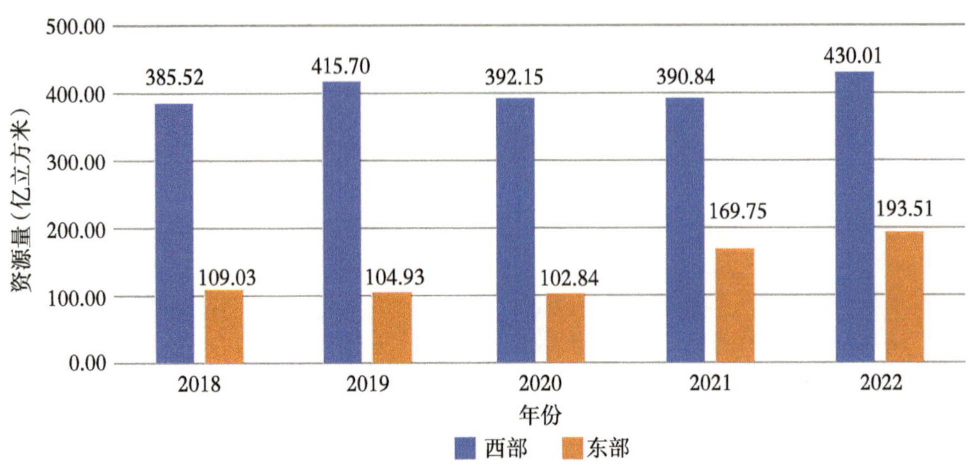

图 1　近五年东西部资源量统计

表 1　近五年资源结构表

气源	2018 年资源量（亿立方米）	占比	2019 年资源量（亿立方米）	占比	2020 年资源量（亿立方米）	占比	2021 年资源量（亿立方米）	占比	2022 年资源量（亿立方米）	占比
长庆	229.37	46%	240.95	46%	250.28	51%	258.03	46%	281.21	45%
西一	0.00	0%	0.00	0%	0.00	0%	0.00	0%	0.56	0%
西二	72.68	15%	73.45	14%	39.30	8%	20.76	4%	17.15	3%
西三	83.47	17%	101.30	19%	102.41	21%	111.55	20%	129.22	21%
石化榆林		0%		0%	0.16	0%	0.50	0%	0.21	0%
山西煤层气		0%		0%		0%	0.00	0%	1.66	0%
冀东油田		0%		0%		0%		0%		0%
西部气	385.52	78%	415.70	80%	392.15	79%	390.84	70%	430.01	69%
大港	3.63	1%	3.88	1%	5.77	1%	5.30	1%	14.96	2%
秦沈线返输	0.81	0%	4.86	1%	9.51	2%	10.21	2%	11.05	2%
唐山 LNG	69.23	14%	55.03	11%	46.80	9%	60.58	11%	54.15	9%
大唐	9.44	2%	10.88	2%	11.21	2%	10.07	2%	10.74	2%
中俄中段（永清）		0%		0%	1.26	0%	52.08	9%	66.55	11%
采气	25.92	5%	30.28	6%	28.30	6%	31.51	6%	36.06	6%
东部气	109.03	22%	104.93	20%	102.84	21%	169.75	30%	193.51	31%
合计	494.55		520.62		494.98		560.59		623.51	

河北：主要下游市场，典型的资源输入省，河北省基本上已经形成了八横八纵互联互通输气网络和"东西南北"四方来气的格局，其中中石油资源为主占61.8%，河北省消费以城镇燃气和工业燃料为主，两者消费占比超过97%。上下游价格矛盾突出，中间输配环节加价过多，下游价格承受能力低，抑制了行业发展。

山西：重要下游市场，太原、晋城、临汾和吕梁4地市，占全省消费总量62.5%。消费量以城镇燃气和工业燃料为主，占消费总量的比例为85%。

陕西：重要下游市场，榆林、西安、延安和咸阳4地市消费量为144.6亿立方米，占全省的比例为84.1%。其余6个市除宝鸡外，消费量均在5亿立方米以下，公司可覆盖范围小。

内蒙古：潜力下游市场，消费市场集中在呼包鄂地区，占全省消费总量的78.5%。消费以城镇燃气和工业燃料为主，两者消费占比超过82%。随着"气化内蒙"战略深入实施，规划2025年管道天然气要覆盖66%以上旗县。

近五年，公司公司商品量平均增幅6%，管输收入平均增幅4%，量价增幅呈现出现不同步趋势，且随着近距离气源占比不断增加，管输运距进一步下降，不同步的趋势将更加明显。图2和表2分别为近五年分省分输量表和近五年沿线省市分输量表。

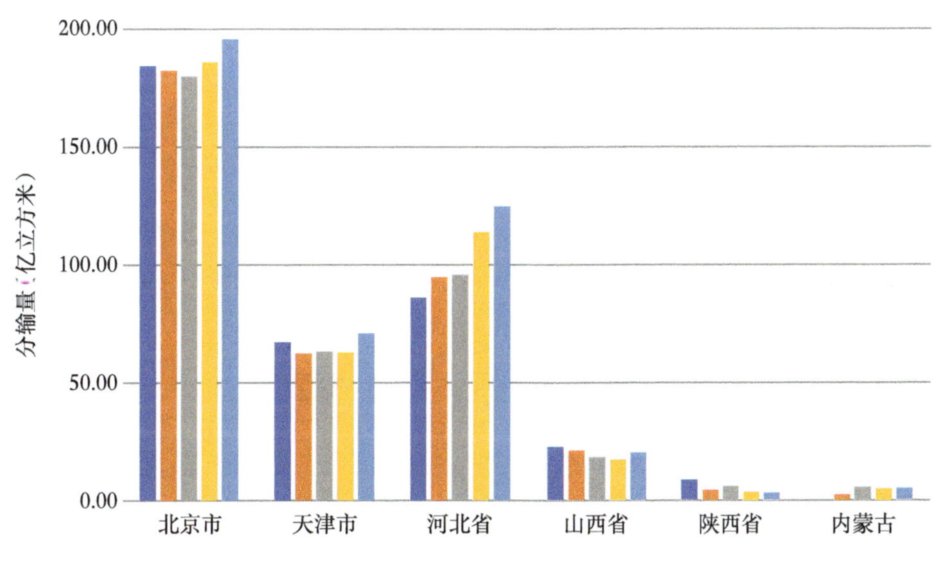

图2　近五年分省分输量

表 2　近五年沿线省市分输量表

分输量（亿立方米）	2018 年	2019 年	2020 年	2021 年	2022 年
北京市	184.37	182.85	179.89	186.15	195.94
天津市	67.12	62.10	63.19	62.59	71.06
河北省	85.36	94.62	95.62	113.59	124.55
山西省	22.55	21.10	18.45	17.38	20.23
陕西省	8.61	4.59	6.07	3.53	3.11
内蒙古	0.03	2.17	5.70	4.71	4.92
合计	368.03	367.43	368.93	387.94	419.81

2023 年，集团公司管网以永清、中卫、贵阳三个站场划入四个区域，从“一线一价、新线新价、老线老价”变成“一区一价”。当前的管输价格监审工作对公司极为重要，将影响未来三年公司管输收入水平。根据预测公司运价率将会下降至 0.22 元 /（千立方米·千米）。图 3 为近五年公司商品量及收入明细。

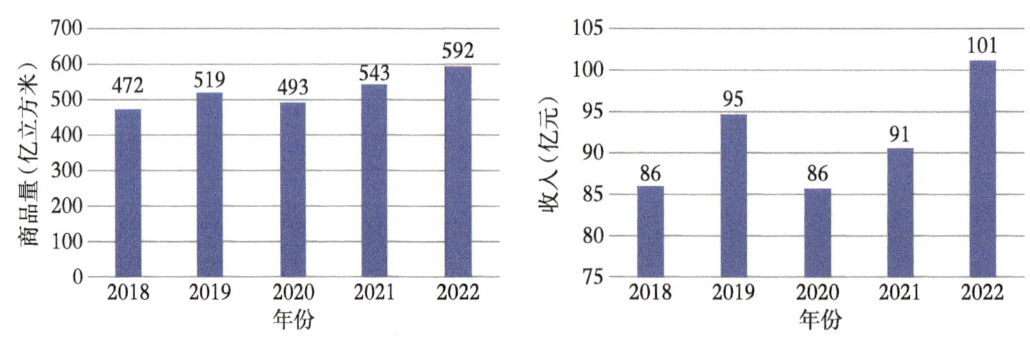

图 3　近五年公司商品量及收入明细

二、着眼能源发展形势，做好未来发展规划

根据国家发改委能源所预测，2021—2035 年，我国一次能源及油气消费保持增长，油气消费在一次能源消费中的占比将从 27.4% 增长到 30.7%。其中，天然气占比由 8.9% 增长到 14.2%，石油占比由 18.5% 下降至 16.5%。

根据国家《中国天然气发展报告》预测，国内天然气消费规模为：2025 年

4300~4500 亿立方米，2030 年 5500 亿立方米，2040 年达峰量 7000 亿立方米。

党的“二十大”报告中明确提出积极稳妥推进碳达峰碳中和。实现碳达峰碳中和是一场广泛而深刻的经济社会系统性变革。立足我国能源资源禀赋，坚持先立后破，有计划分步骤实施碳达峰行动，提升生态系统碳汇能力，积极参与应对气候变化全球治理。

未来五年，国家资源投入继续加大，天然气仍是重要调峰能源，消费市场仍将保持稳定；国家管网运营将更加成熟，切实保障人民用能需求；价格机制改革要加快推进；最终建成较为完善的“X+1+X”油气市场体系。做大做强中间的“1”引导资源流向公司消费市场发挥区位优势建立资源配置枢纽站：发挥已经实现多气源交汇的安平、永清等站场区位优势，研究建立资源配置枢纽站概念，通过打造资源配置枢纽站，争取资源的配置权，探索推出更多服务产品。

减轻华北市场内部竞争压力：通过集团公司推动加快北方管道天津 LNG 管道唐山末站与中俄东线唐山站联通工程，打通俄气进入天津 LNG 外输管道的通道，使俄气直接在河北西部进入山东市场，降低俄气在陕京二线输量，释放管容，减轻华北市场内部竞争压力。

呼吁争取中俄中线远东管道优势路由及运营权：呼吁中俄中线乌兰察布向南纵贯山西乌三线方案或经呼和浩特借道陕四到靖边等有利方案，避免满洲里方案。争取远东管道通辽—赤峰—张家口段运营权，呼吁建设石家庄—河南濮阳管道，借势抢占河北南部邢台、邯郸市场，并联通濮阳—山东菏泽—商丘进入安徽北部，拓宽俄气南下大通道，促进公司效益可持续增长。

控制上载通道扩大资产规模：通过抢建、收购或合作方式，控制 LNG 接收站资源外输通道、煤层气、国产气资源上载通道。不断扩大资产规模。抢建延长石油和长庆气田增产资源上载管道，以及陕西、山西两省黄河东西两岸煤层气主力区块的串联上载支线。研究整合北燃南港 LNG 外输管道，布局唐山 LNG 外输第二通道。

整合竞争对手推动省网合作融入：利用集团优势，先行加强与小型管输公司开展资产业务整合，不断优化管网布局，逐步减少竞争对手。以提高渗透率进而确保市场占有率为目的，提高对资源与市场控制力，省网以合作和融入并举，最终实现共赢。

三、利用现有业务优势，助力新业务长效发展

（一）已推广实施新业务

储运通：储运通服务产品是指国家管网集团利用所属储气库、接收站 LNG 储罐等管网设施综合储气能力和“全国一张网”互联互通及灵活调度优势，为托运商提供的包括注气、储气、采气以及配套管输在内的综合性服务产品。2022 年以广州为试点竞拍管容 2000 万立方米，下一步拟增加华北地区安平站作为虚拟储气点开展本服务。

储运通服务周期：2023 年 4 月 15 日—2024 年 3 月 31 日。其中，2023 年 4 月 15 日—2023 年 10 月 31 日为注气周期；2023 年 11 月 1 日—2024 年 3 月 31 日为采气周期。

储运通服务费用包括储气容量费、注 / 采费和配套管输费。储气容量费按服务期限收取，依“照付不议”原则按月分期支付，每个结算周期结算当月费用，储气容量费单价以 0.668 元 / 立方米（含税价格，税率 6%）为竞拍底价通过交易中心竞价交易形成合同单价。注 / 采气费按实际注 / 采气量收取，注气费单价为 0.106 元 / 立方米（含税价格，税率 6%），采气费单价为 0.106 元 / 立方米（含税价格，税率 6%）。配套管输费按储气点到上 / 下载站场的合理路径收取，每月结算一次，管输单价按照国家或地方政府核定费率执行。

存气服务：存气服务产品是指国家管网集团在特定时期和一定额度内，允许客户在国家管网集团储气设施内暂存一定量的天然气（存气环节），并在约定的时间内由相应客户及时从国家管网集团储气设施内提取已存气量的服务（提气环节），旨在满足短期应急、不平衡用气需求。

存气服务费用包括固定费和变动费及配套管输费。固定费参考储气库注采费 0.2 元 / 立方米，目前暂按平均注采费单边收取确定固定费用，固定费为 0.1 元 / 立方米，同时，考虑供暖季资源整体紧张，为促进资源储备国家管网可给予适当优惠，供暖季存气固定费暂按非供暖季 8 折收取。变动费参照储气库储气费，初期按 0.01 元 /（立方米·天）执行。配套管输费按存气点到上 / 下载站场的合理路径收取，每月结算一次，管输单价按照国家或地方政府核定费率执行。

（二）建议推广新业务

不平衡服务：按照《天然气管网设施运行调度与应急保供管理办法》约定：

托运商应当保障管网设施进出气量平衡。托运商5当日进、出管网设施气量差值不应超过当日进气量的3%，累计进、出管网设施气量差值不应超过该累计期内日均进气量的8%；重大节假日期间，托运商当日进、出管网设施气量差值不应超过当日进气量的4%，累计进、出管网设施气量差值不应超过该累计期内日均进气量的10%。因管网运营企业原因造成的，不应当计入托运商进、出管网设施气量差值。

当超过上述限值时，托运商应当自主平衡，或使用管网运营企业提供的不平衡服务。若托运商不能自主平衡且不使用不平衡服务，管网运营企业可采取物理平衡措施，使不平衡气量恢复至限值以内。目前管网尚未有明确的不平衡服务，托运商超出不平衡范围且不自主平衡情形常有发生，故开展不平衡服务可有效助力管网运行，为企业创收。

借气服务：借气服务产品是指国家管网集团在特定时期和允许额度内将管网设施内的天然气（借气气源为储气库铺底气）暂借给客户，并在约定的时间内由相应客户及时归还的服务，旨在满足客户短期应急、不平衡用气需求。

借气服务物理上由国家管网地下储气库予以满足，管存仅在应急情况下和确保安全平稳生产工况下使用，不参与借气服务。考虑储气库的运行收费方式，借气服务费分为固定费和变动费两部分，参照存气服务实施。

光伏发电入网：光伏发电是利用半导体界面的光生伏特效应而将光能直接转变为电能的一种技术。这种技术的关键元件是太阳能电池。太阳能电池经过串联后进行封装保护可形成大面积的太阳电池组件，再配合上功率控制器等部件就形成了光伏发电装置。

以下图浙江家用太阳能光伏发电为例，预计投资回报年限12年，公司所辖区域西北、华北地区日照时间长，沿线站场、阀室覆盖面积大，投资回报年限可进一步缩短，且契合国家双碳目标。图4为光伏发电参数概览。

深入贯彻落实习近平总书记提出的“四个革命 一个合作”能源安全新战略，践行集团公司“三个服务”的企业宗旨，在公司“1123”发展战略引领下，围绕打赢市场开拓攻坚战，坚持“管输为根，量价为本，内重协同，外善斗争，保存拓增，抢抓支线”二十四方针，依法合规，科学决策，协同推进，打造“优质服务保市场”“解放思想闯市场”“协同斗争抢市场”“提质增效造市场”，以新产品开发作为管理创新新起点，努力夯实公司市场开发根基，激发公司高质量发展的市场源泉，展现管网铁军新担当。

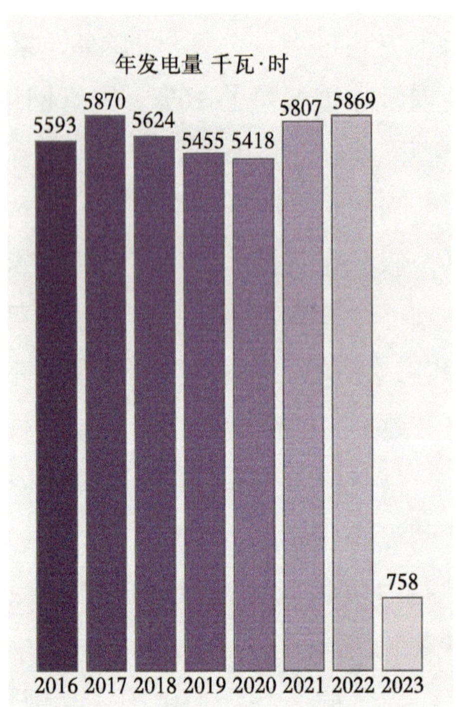

图 4　光伏发电参数概览

规范市场秩序　公平开放促进充分竞争

2021年公司划转国家管网集团，公司坚持把改革发展融入国家油气体制改革之中，坚决落实集团公司党组决策部署，以“1123”发展战略为引领，市场上精准开拓。公司市场部与集团公司市场部始终保持同频共振，公司在新增上下载点申报服务流程、制度及实施过程中的技术要求方面形成了自己的标准，走在了前列，得到了集团公司市场部的肯定和借鉴。

一、新增上下载点申报服务流程化、规范化、制度化

集团公司市场部刚成立后，对于新增上下载申报服务流程没有具体标准，各所属企业都是根据自己的特点摸着石头过河，对于此项服务更没有形成流程化、规划范和制度化。经过一年多各所属企业的试跑，我公司在申报服务流程上和项目实施技术要求上形成了自己一套标准，集团公司结合正在推行的客户经理体系的基础上，按照我公司的做法，完成了新增上下载点管理流程，在全集团推广实施，形成了新增上下载点申报服务流程化、规范化、制度化。

形成了新增上下载点申报服务的流程。2022年公司市场部和分公司市场营销团队成立后，根据我公司特点，编制了《市场开拓协调推进手册》，制定了新增上下载点申报服务流程。流程为客户→分公司→公司市场部→公司总经理办公会→集团公司市场部→集团公司相关五个部门→集团公司上下载领导小组组长。集团公司在推行客户经理体系时，按照我公司的做法，完成了新增上下载点管理流程，在全集团推广实施。流程为客户→客户经理团队→所属企业市场部→所属企业主管领导→集团市场部→集团生产部、战略

与执行部、财务部、工程部、综合监督部等五个部门 → 集团公司新增上下载领导小组组长。后期根据业务发展，集团公司市场部完善了对已批复项目的回收流程。客户经理团队 → 所属企业市场部 → 所属企业主要领导 → 所属企业市场部 → 集团公司市场部。

集团公司不但在流程上按照我公司的流程推广，在新增上下载点项目实施过程中也计划借鉴我公司实行多年的《陕京输气管道分输站建设技术要求》，总结了新增上下点实施过程中典型的五种方案，在向集团公司党组汇报同意后，计划推广实施。

履约担保金制度，规范了新增上下载点申报的秩序。“三桶油”时期没有履约担保金制度，用户向我公司申请分输开口后，有些项目并不能落地实施，或实施建成后不能投产，造成了我公司十多条已建成的分输支路资产闲置。经过分析，下游市场不靠实、上游气源未落实、没有特许经营权、地方政府不支持、公司经营变故等原因造成了项目不能落地或建成不能投产。有些用户甚至靠关系，拿到开口权后转手倒卖，谋取经济利益，扰乱了市场秩序，造成了下游城燃企业不能充分公平竞争，最终使我公司、城燃企业和终端用户利益受损。

公司划转国家网管后，为保证公司投资的项目见效，新增上下载点全部实行了履约担保金制度。根据项目投资金额，收取接入城燃企业的履约担保金，根据合同履约情况分三年退还，如输量没有完成合同约定的条款，将根据合同条款约定，扣除相应的履约担保金。从目前情况看，杜绝了上下载项目集团批复后项目不能落地或建成不能投产的情况，使资源和市场靠实的企业与我公司的管道连接，规范了市场秩序，促进了上游油气资源多主体多渠道供应和下游城燃企业充分公平竞争，最终降低了终端用户的用气成本。

创新管理模式，采取多项措施，缩短上下载项目从批复到投产的周期，为公司管输业务增输增收。创新管理模式前，上下载项目取得集团批复后，公司按部就班的开展项目可研、初设，初设批复后，物资管理部组织开展供应商选商，管道工程建设项目部组织项目前期手续办理、承包商选商，条件具备后组织现场施工。为缩短上下载项目从批复到投产的周期，助力公司管输业务增输增收，公司优化了工程建设管理主责单位，站内改造项目交于各分公司实施，涉及新征地的项目由管道工程建设项目部实施，分工更加科学合理。

为“杜绝铁路警察各管一段”，提高公司整体战斗力，公司实行了管理提升专项行动主官负责制，负责上下载工作全生命周期管理，跟踪、协调业务推进。定期会商，共享信息，紧紧依靠公司市场开拓协同推进专班。为确保上下载项目全年投产任务，破除项目落地难点，采取了市场洞察人员拿路由批文、定期召开上下载项目月度推进会议等多项措施。

通过公司创新管理模式、提升管理行动，大大缩短了上下载项目从批复到投产的周期，站内改造的项目基本实现了一年内从批复到投产，2022 年 4 项上下载项目实现了当年批复当年投产。

二、减少中间管输环节，管网多投资，群众多收益

层层加价费用高。“三桶油时期”，天然气进入工业用户和居民用户前要经过 3~4 家企业的管道才能到达终端用户，如“三桶油”管道 + 省级管道 + 城燃企业 A+ 城燃企业 B 或“三桶油”管道 + 城燃企业 A+ 城燃企业 B，管输费较高。有些企业心思和注意力没有放在企业的经营发展上，在“三桶油管道”某个阀室建设了一段高压管道 + 一座分输站，垄断了此处的上下载点，卡住了其他用户的通道，熊成了节点垄断，打起了给其他城燃企业趸售、代输的“歪主意”，提高了终端用户的用气成本。

一输到底降费用。国家管网成立后，上下载更加公平开放，减少了中间环节的管道，大大降低了管输费。天然气从气田到千家万户经过了国家管网管道 + 省网管道 + 城燃企业或国家管网管道 + 城燃企业，甚至国家管网给燃气电厂 / 大工业修建直供管道，因少了中间环节降低了 0.2~0.9 元管输费。国家网管成立两年多来，越来越多的城燃企业直接从国家管网管道申请上下载点，目前看减少代输、减少中间环节、降低用气成本是大势所趋，贯彻践行了国家油气改革的初衷，“管住中间，放开两端”，让上下游充分竞争。虽然国家管网的投资增加了，但是降低了用户的管输费，使人民群众得实惠，促进了天然气绿色能源市场健康繁荣的发展。

三、公平开放促进上下游充分竞争

独立运行不开放。国家管网成立前，三桶油的管道只给自家油气田输送油气，管输不对第三方开放，如公司只能输送中石油的天然气，其他公司的上游

资源不能接入管网，下游城燃企业也只能购买中石油的天然气，购买了其他公司的天然气我公司又无法提供托运服务。

管网储运设施公平开放。国家管网成立后，向全行业公平开放管网储运设施。经过两年多的运营，目前公司不但能托运中石油的天然气，还能托运中石化、中海油的天然气，中联煤等公司煤层气，新疆庆华、大唐能源等公司煤制气，今年还首次实现了延长石油资源出省外输。目前，管网集团发展了 100 多家托运商，公司服务 50 多家托运商。管网集团成立后，下游城燃企业采购天然气资源的选择变多了，不但可以购买“三桶油”的天然气，还可以购买其他 100 多家托运商的天然气。

国家管网始向全行业公平开放管网储运设施，实现了天然气管道公平开放。经过两年多的运营，基本形成了上游油气资源多主体多渠道供应、中间统一管网高效集输、下游销售市场充分竞争的“X+1+X”油气市场体系，激发了市场活力，促进了市场竞争。

任重道远、行则将至。北京公司终秉承国家管网集团“服务国家战略、服务行业发展、服务人民需要”企业宗旨。市场部坚持“服务”理念，做强“从客户中来到客户中去”的核心价值链，坚持公平开放理念，以市场为主导协同推进公司管输业务增量增收。

“区域化管理”“三集中”出实效，打造具有管网特色、专业化特征的现代卓越管理体系

按照集团公司高质量发展要求，贯彻落实公司“1123”战略部署，进一步提高公司管理水平，推进管理创新在提升生产管控效率上下功夫，公司自2018年开始实行区域化管理试点工作，2019年完成全面推广，实现了由“站管站、线管线”向“区域管理”的转变，降低现场劳动强度释放人力资源，有效激发了基层活力。截止目前全线共划分为30个作业区，形成了本部决策、分公司管理、作业区执行的三级管控机制。

一、“区域化”“三集中”成果丰硕，发挥实效

一是生产管理水平进一步提升。按照区域化改革总体部署，2019年10月生产调度中心（应急指挥中心）成立，从建立之初的辅助监屏，到目前的全面集中监视，逐步健全了从上到下的生产运行管控规则，优化了公司生产调度中心、分公司、作业区三级职责界面。生产调度中心以“集中监视、优化运行、生产管控、应急指挥、数据支持”五大功能为支撑，助推改革成效落地。（1）通过实行生产调度中心集中监视，作业区集中巡检、集中维护的“三集中”管理模式，有效精减站场运行值班100余人；有序推进站场无人值守、待机值班，实现无人值守站场已占总数的90%。（2）通过密切与集团公司相关部门、油气调控中心、上下游企业联动，加强集中监视力度，有力保障了包括冬奥会及党的二十大、“两会”等特殊时期的安全平稳运行。（3）通过开展优化运行调整，

降低放空量；提出合理建议调配系统资源流向，提升管道负荷率；开展压缩机组优化配置，降低生产能耗；积极协调油气调控中心、北京燃气等单位配合北京分站流量计检定、优化下载点投产手续办理，助力公司“降本、增效、创收”。（4）通过优化批次作业计划，科学合理组织动火作业，及时开展清管内检测流程调整和相关站场压力流量需求协调等工作，实现作业安排和投产管理等工作的精准管控。（5）通过开展联合应急演练，提升应急指挥协同能力和员工应急处置能力，夯实安全生产基础。（6）通过对不同类别、不同周期生产及市场数据的整合优化、从多维度分析不断深挖生产数据价值。

二是员工综合素质进一步提高。通过实施“三集中”管理模式，依托发挥整体资源优势，将作业区监屏值班人员主要精力投入到设备设施维护保养工作中，现场自主维检修率已提升至 60%。同时，实现了压缩机组 4K、8K 自主维保，压缩机自主大修，有效提升设备设施本质安全和维保质量，有效促进员工由“值守操作型”向“维修技术型”转变。（1）各分公司按照“分公司下沉，强化基层”的思路，实施轮岗锻炼，加速岗位融合，通过分公司与作业区工程师轮岗、工程师跨专业轮岗历练等模式，丰富专业管理经验，提升安全履职能力。通过开展“安生管”专业部门“驻站帮扶”活动，强化“传帮带”效果，促进专业间交流。（2）作业区充分利用压缩机维保、自控系统测试、设备入冬维保等周期性工作的契机，成立维保攻坚团队、自控测试小组，由各专业技术岗、技能岗人员组成攻坚小组，以老带新，以干促学，集中优势力量解决现场问题，有效促进专业融合。（3）以“三湾改编”成果为依托，充分发挥尖兵导师团队的作用，建立“1 对 X 师带徒”模式，将“徒弟”考试成绩与“师傅”的评先选优、绩效奖金相挂钩，充分调动“师傅”的积极性。加速培养核心技术人才，促进员工向“一专多能”的复合型人才发展，以长效互帮互助互学机制为依托，提高自身的工作能力和综合素质，为员工“大专业、大岗位、大工种”转变打下坚实基础。

三是值班巡检模式进一步优化。公司统筹优化调整站场重点巡检频次和值班值守模式，进一步释放人力资源，提升生产管控效率。通过明确重点、专业、联合巡检参与人员、巡检频次及内容，确保巡检内容准确无漏，巡检质量精准高效。（1）重点巡检由运维作业岗完成，对重要运行参数、站场跑冒滴漏、设备异常状态等风险较高的设备设施进行检查，发现问题及时上报，并解决一

般性问题。压气站重点巡检冬供、非冬供期间 1 次 /12 小时；阀室、无人值守分输站重点巡检冬供、非冬供期间 1 次 / 周。（2）专业巡检由作业区机械、电控仪、管道专业技术岗完成，按照专业巡检表对所辖站场、阀室的生产运行状态、设备设施状况及线路高后果区、高风险段等情况进行专业检查，解决专业问题。压气站专业巡检 1 次 / 周，阀室、无人值守分输站非冬供期间专业巡检 1 次 /2 周，冬供和特殊时期 1 次 / 周。（3）联合巡检由作业区主任、副主任组织各岗位工程师参与，每月一次对所辖站场、阀室、线路各部位各系统进行综合性联合检查。

四是标准化建设水平进一步升级。在区域化管理 2.0 改革过程中，公司聚焦岗位责任制落实、风险控制、员工能力提升，持续以岗位作业标准化为核心，开展“基层管理、岗位作业、设备设施、安全目视形象、基层党建”的站队标准化建设，实现“站队标准化”和“岗位标准化”双达标。（1）修订完善“两书、一表、一清单、一手册”，突出抓好员工执行力提升和软实力建设，优化形成横向岗位责任边界清晰，纵向业务线条责任层层分解、上下衔接的安全生产责任体系，理清了直线责任与属地责任，实现对日常工作的量化管理。通过强化培训、精准指导、履职考核、能力评估，统筹推进全员能力提升与安全生产责任落实。（2）丰富标准化站队建设成果，通过总结提炼核心设备压缩机组的维保标准化标准手册，规范作业流程、作业安全、作业现场、工器具管理、施工工序具体内容，提高压缩机组维保质量和效率。通过制定外电线路巡检和目视化管理标准，将外电线路纳入设备设施标准化管理范畴，提高外电线路的可靠性。通过打造标准化线路段，完成高后果区标准化建设和线路标准化段建设工作，持续开展管道标准化建设工作。

五是队伍凝聚力进一步增强。（1）成立作业区党支部，建立以组织建设、基础工作、组织生活为核心的党建标准化体系，结合党史学习教育、二十大精神学习，以“一区一岗一队”提升党员身份意识，以“三定四有”抓实支部主题党日活动，将冬季保供等重要的生产目标与党建目标整合推进，打通融合的“最后一千米”。（2）通过将准军事化管理与标准化建设结合，把成果运用到保障安全生产的各项任务中，建立“防汛”和“冬供”2 个突击队，充分发扬铁军品格，增强执行力，提高工作实效。（3）通过建立作业区党员活动室，开展主题党日活动，充分发挥党员先锋模范作用，引导广大党员群众坚定必胜信心，心往一处想、劲往一处使，为生产管理提升汇聚强大合力。在教育和引导员工增强责任心、提升执行力上下功夫，在尊重标准、执行标准上下功夫，在提升安全自主管理水平上下功夫，引导广大基层员工争当创新创效、挖潜增效、岗位建功的典型和标兵。（4）依托所在地特色文化和风土人情，总结形成特色文化，为作业区人员“夯基铸魂”。通过开展“绿色港湾”菜篮子建设、组建作业区篮球队、足球队，开展采摘、观影等文体活动，丰富员工业余生活，激发团队活力和凝聚力。

二、当前形势仍需“抢抓机遇、乘势而上”

党的二十大系统擘画了以中国式现代化推进中华民族伟大复兴的宏伟蓝图，发出了全面建设社会主义现代化国家的伟大号召。纵观大势，我国经济有望总体回升。着眼行业，油气管网仍处于重要发展机遇期。审视自身，公司主要存在以下三方面挑战：

一是安全生产风险挑战不容忽视。管道本体安全、地质灾害、第三方破坏风险依然存在，断缆、故障停机等异常事件仍有发生，安全生产还存在管理漏洞和短板，队伍安全履职能力有待持续提升，提升安全管控能力和水平还有很长的路要走。

二是经营压力挑战依然较大。公司所属区域市场竞争激烈，部分地区省网融入阻力大，京津冀地区供应主体多元、资源种类多元，市场开拓面临考验。

三是公司发展面临诸多不确定性挑战。公司治理水平与高质量发展要求相比还有差距，内部制度建设和执行力仍需提高。面对困难和挑战，我们唯有始终保持战略清醒，坚持迎难而上、主动自我加压，牢牢守住安全生产底线。

三、“三持续”为打造管理体系提供有力保障

一是持续在简政放权、放管结合、优化服务上精雕细刻，进一步明确公司生产调度中心、分公司、作业区管理界面，提高“三集中”管控效率，促进区域内人员流动、资源共享，提升基层治理能力和安全生产管控水平。

二是持续发挥生产调度中心“五大功能”，密切配合市场开拓相关工作，协助推进重点工程建设项目，加强上下载项目涉及的特级动火作业管控力度，动态优化生产运行方案。

三是持续深化区域化改革，结合标准化作业区“双达标”，进一步规范统一现场管理标准和执行标准。发挥绩效考核指挥棒作用，优化分配模式，重点向提质增效成绩突出的一线岗位倾斜。

四、“区域化管理”为公司高质量发展持续赋能

一是区域化管理符合天然气管道业务发展趋势。随着国家油气体制改革不断深入，管网互联互通持续推进，管道的运行管理普遍采用了数字化、网络化等技术手段。只有不断优化生产管控模式，实施“运检维”一体化的区域化管理，更加适应当前长输管道智能化规律。

二是区域化管理是提升本质安全水平的重要途径。区域化管理以设备可靠性为基础，依靠先进的自动化手段、依法合规的体系文件、合理的人员配置，对站场、管道进行科学划分。通过优化资源配置，充分释放现场人力资源，全面提升站场设备的可靠性和员工三种能力，进一步提高管道本质安全水平。

三是区域化管理是提升员工队伍素质的有力促进。区域化管理的实质是员工工作职能由“被动”到“自主”的转变，按照“岗位融合”要求，员工承担的工作职责、作业任务及管理风险将大幅增长，岗位素质能力要求更高。通过提升员工综合素质，建立健全人才队伍成长体系，形成“纵向晋升、横向互通”的成长格局。

区域化管理是对传统生产管理模式的重大变革，是公司提质增效、管理创新的必由之路，是一项系统工程。下一步，公司将持续推动深化区域化管理 2.0 改革，把握重点、攻克难点、推广亮点，扎实有效地推动区域化管理，不断提升生产管控效率，夯实安全生产基础，提升基层治理能力和安全生产管控水平，为公司高质量发展持续赋能。

自动控制系统升级改造，陕京四线成为集团公司第一条压气站场“一键启停”干线管线

为提高公司自动化控制水平，2018 年起，在陕京管道开展用户自动分输改造，实现用户日指定的自动精准控制。2020 年，公司高质量地完成了兴县压气站一键启停工作，2021 年至 2022 年，完成临县和陕京四线所有压气站的一键启停工作，陕京四线成为集团公司第一条压气站场“一键启停”干线管线。

一、自动分输及一体化智能分输控制器的研发

由于分输站朝无人值守转变，向下游分输控制向调控中心转变，并且站场众多，每站的分输参数不尽相同，调控中心值班人员无法完全兼顾所有分输用户频繁的精细化调节，需要自动化水平更高的控制方式，来实现精准指定量分输。近年来，随着中美贸易摩擦加剧，国外产品存在严重卡脖子现象，为后期生产运行安全带来严重挑战。在此之前，调压控制产品几乎为国外厂商垄断，因此研发一体化智能分输控制器需求呼之欲出。

从控制需求出发，确定研究目标。需要单支路调节阀流量、压力自动控制。研究能够完成单支路调节阀的实时控制，利用流速上限、流量、压力、压力下限 4 个 PID 平衡控制方式，并结合趋近控制方法，实现单支路的流量、压力的快速高精度自动控制功能。需要分输用户多调节支路协同控制。研究对于同一个分输用户下的多个调节支路，能够完成各支路的协同控制，实现流量分配功能，最终完成整个分输用户的压力、流量自动控制和基于能量计量的日指

定自动分输。图 1 为自动分输控制系统拓扑图。

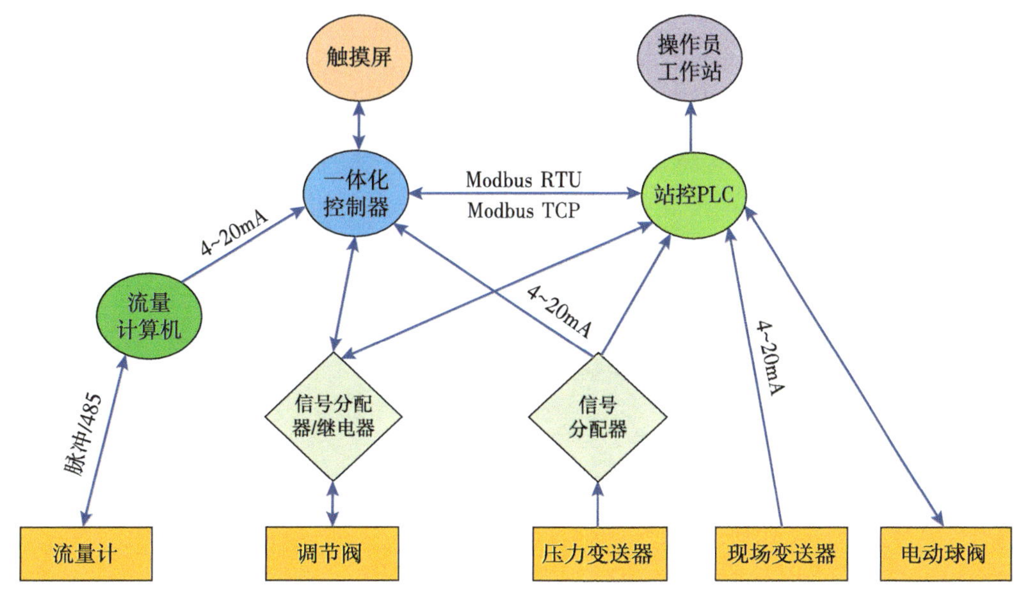

图 1　自动分输控制系统拓扑图

根据生产实际，细化研究内容。在充分调研生产和调控中心的控制方式、方法上，细化单支路流量、压力精准快速调节。根据阀门特性曲线趋近控制，细化快速调节过程中的防超调控制。分输用户多支路协同控制，细化调节支路优先级切换及流量自动分配，以及压力、流量设定值动态调整。自动分输功能优化。细化能量计量方式下的自动分输，自动分输低温保护控制。

研究成果落地，带来非凡意义。自动分输能够实现日指定量一键下发，控制系统自动完成日指定量的分输控制，大幅度减少人工操作，保证分输操作的安全性，并且最大限度保证日输量的精准控制，有效缓解用气压力，为站场智能化及全面远控奠定基础。同时，结合日指定自动分输项目研究成果，进一步开展一体化智能控制器的研究，实现调压控制器与用户自动分输控制器的硬件一体化解决方案，并完成智能压力流量调节以及自动分输技术的控制功能优化与提升，从而完成相关国产化技术的研究，为下一步的推广提供技术保障。高性能阀门控制器的国产化，打破了国外技术垄断，保证调压系统的安全性、可靠性和可用性。自动分输、阀门控制器的一体化融合，进一步提高自控系统的效率，优化控制系统结构。还能根据实际需求改进控制器功能，实现每个控制器控制一个分输用户，进一步降低阀门控制器成本。图 2 为自动分输控制系统图。

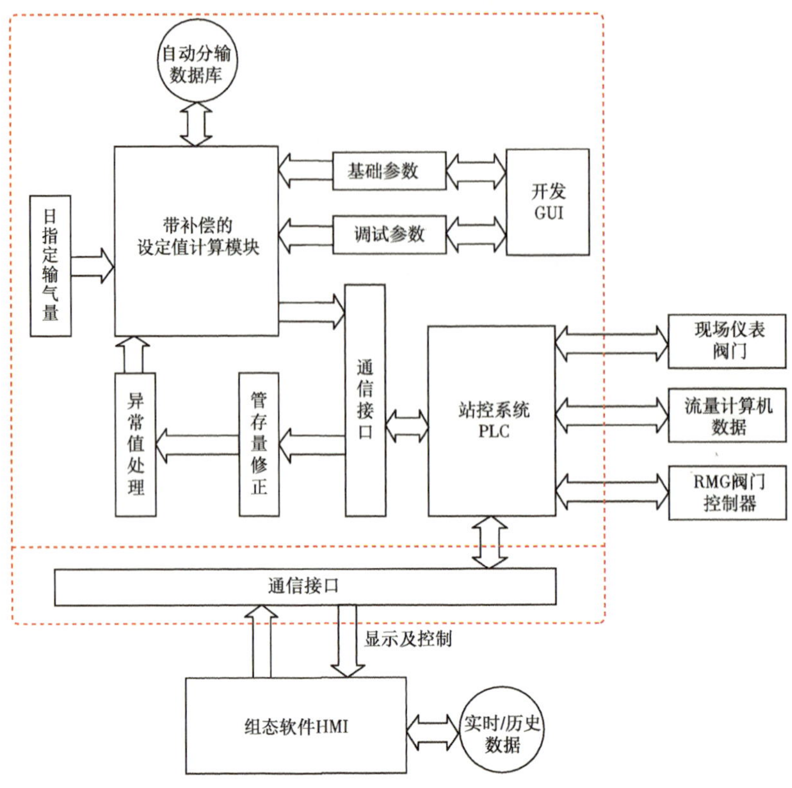

图 2　自动分输控制系统图

该科研项目完成后，在《当代化工研究》杂志社发表论文一篇，获得实用新型专利一篇。图 3 和图 4 分别为发表论文和实用新型专利证书。

《当代化工研究》杂志社

国际刊号：1672-8114　国内刊号：10-1435/TQ

中国知网（CNKI）收录

董秀娟、朱峰、刘晓伟 同志：

您撰写的文章《天然气管道一体化智能分输控制系统设计》经我刊评审，予以采用，并将编辑出版，载于本刊 2020 年 12 月上刊载。

特此通知，请勿再投

《当代化工研究》杂志社

图 3　发表论文

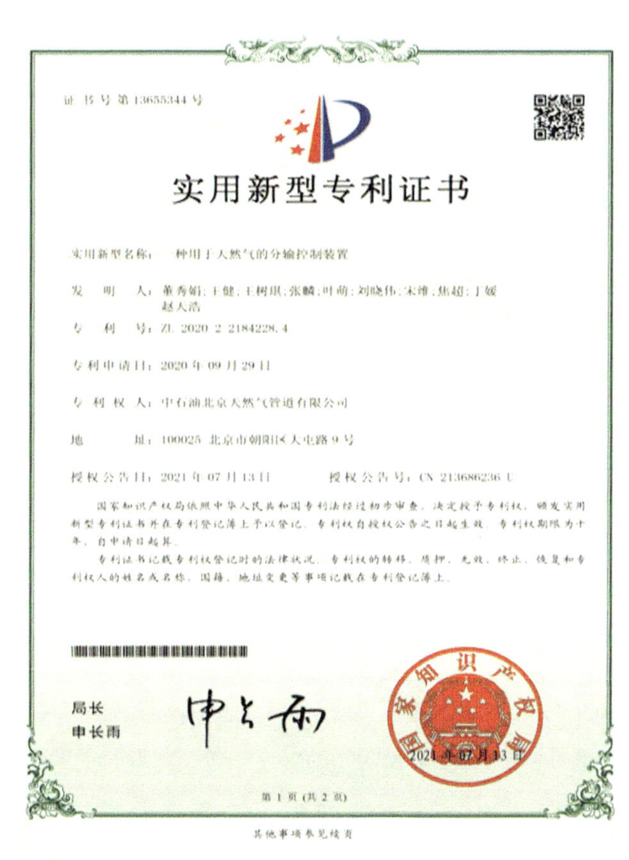

证书号第13655344号

实用新型专利证书

实用新型名称：一种用于天然气的分输控制装置

发明人：董秀娟；王健；王树琪；张麟；叶萌；刘晓伟；宋维；焦超；丁媛
赵天浩

专利号：ZL 2020 2 2184228.4

专利申请日：2020年09月29日

专利权人：中石油北京天然气管道有限公司

地址：100025 北京市朝阳区大屯路9号

授权公告日：2021年07月13日　　授权公告号：CN 213686236 U

国家知识产权局依照中华人民共和国专利法经过初步审查，决定授予专利权，颁发实用新型专利证书并在专利登记簿上予以登记。专利权自授权公告之日起生效。专利权期限为十年，自申请日起算。

专利证书记载专利权登记时的法律状况。专利权的转移、质押、无效、终止、恢复和专利权人的姓名或名称、国籍、地址变更等事项记载在专利登记簿上。

局长
申长雨

国家知识产权局
2021年07月13日

第1页（共2页）

其他事项参见续页

图4　实用新型专利证书

二、压气站一键启停改造精准实施

国家管网集团在用管道压气站111座、储气库3座，在用压缩机组412套。其中电驱离心式压缩机组227套，燃驱离心式压缩机组146套，电驱往复式压缩机组28套，燃驱往复式压缩机组11套。机型品牌庞杂，压缩机组的辅助设施配置不同，压缩机组的性能曲线、转速不统一。像传统的压气站操作人员就地控制的方式去远程调控机组，调控中心调度人员显然很难兼顾每台机组的精准监控。调控中心在考察调研完国外天然气公司的先进做法的基础上，提出压气站一键启停的概念，即压气站的启站和关站、启停压缩机组等功能，全部实现一键启停。主要实现三项功能。

一是实现一键启站。站控系统接受一键启站命令后，工艺流程自动导通、压缩机组外围辅助系统自动启动、压缩机组自动启动、负荷分配功能自动投用、机组自动并网。启动操作员无需花费精力去关注和压缩机的启动过程、干预启动过程。压缩机组启动后，能够根据压缩机进出口压力自动调节转速，满足工艺要求，操作员无需过度关注压缩机的转速。

二是实现一键停站。一键停站操作中应包括：停站后切换至压力越站流程、停站后切换至全越站流程、全站 ESD 等主要停站方式。停机过程中，调控中心人员无需干预，停机完成后，自动触发信号，提示停机完成。

三是实现主要工艺流程一键导通等区域性功能。实现正输、转供、反输等主要工艺流程一键自动切换、导通等区域性功能。一键启站不包含启分输功能，一键停站至全越站流程，全站 ESD 等停站方式中含停止分输功能。

详细分析功能需求，保障项目精准实施。由于调控中心在一键启停的初期，只提出相应概念和大致功能需求，没有详细的标准，为了保证一键启停工作的有效实施，避免做重复工作，公司项目负责人学习 IT 行业软件开发流程，通过头脑风暴加思维导图的方式，以高度自动化一键启停为目标，详细了解压气站现状，分析目前存在问题，最终提出改造需求，让设计单位有的放矢，做出完整、高效的改造方案，然后付诸实施。有效地避免了传统工作方式中，对项目实施内容估计不足、浪费投资的现象。还首次在管网中提出了通过优先级选择机组启动、机组一键切换功能、停机故障自动切机功能。

一是通过现场调研，充分了解站场现状。通过现场咨询、程序解读、历史数据趋势分析，针对调控中心要求的差异性做出客观的决策。压缩机组控制系统在一键启停方面还存在的哪些问题，能否做到一键启机，还有哪些操作需要手动干预，如何将手动改成自动，在改成自动后带来的风险如何通过改造防范。还有目前压缩机控制系统中存在哪些运行问题需要解决。站控系统在一键启停方面还存在那些问题。站控系统是否能够一键启站和一键停站，还有哪些操作需要手动干预，如何将手动改成自动，在改成自动后带来的风险如何通过改造防范。还有目前站控系统中存在哪些运行问题。负荷分配控制系统运行情况。压缩机负荷分配控制系统控制精准度如何，是否具备足够的容错性，是否需要优化等。站控与调控中心的通讯情况。站控与调控中心已经建有哪些数据点，缺少哪些数据点。站控与压缩机控制系统的通讯和硬接线情况。站控与压缩机控制系统已经建有哪些数据点位和硬接线，缺少哪些往来信号，需要补充通讯点位或硬接线。图 5 为思维导图示例。

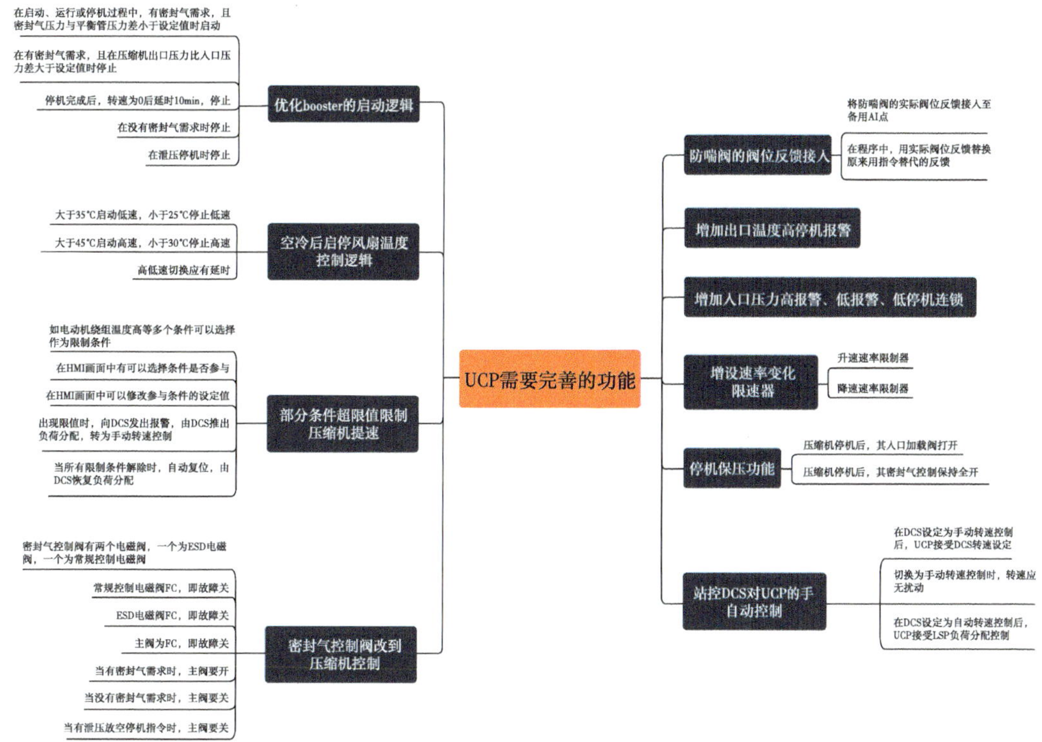

图 5　思维导图示例

二是针对调研结果，设计逐项落实。利用头脑风暴和思维导图，汇总改造所需功能和需求，然后绘制控制流程图，编制控制原则等设计文件，再做 HAZOP 分析。主要涉及以下 5 个部分的改造：（1）压缩机控制系统的改造，主要包括增加硬件和仪表，修改控制程序和 HMI 控制画面。（2）站控系统的改造，主要包括增加硬件和仪表，修改控制程序和 HMI 控制画面。（3）负荷分配控制系统的改造，主要为修改控制程序和 HMI 控制画面。（4）站控与调控中心的通信改造，主要为站控与调控中心之间新增通信点位。（5）站控与压缩机控制系统之间的通信与硬连接改造，主要为新增通信点位和硬连接线。

三是按照设计文件要求及设备特性，分工协作，高效施工。将具体工作分工给压缩机控制系统和站控系统制造厂家，压缩机控制系统制造厂家负责压缩机控制系统、负荷分配控制系统的软硬件改造及与站控的通信、硬接线调试。站控系统厂家负责站控系统的软硬件改造及与调控中心的通信调试、压缩机控制系统的通讯、硬接线调试。图 6 为兴县压气站改造后的一键启停控制界面，图 7 为红墩界压气站改造后一键启停控制界面。

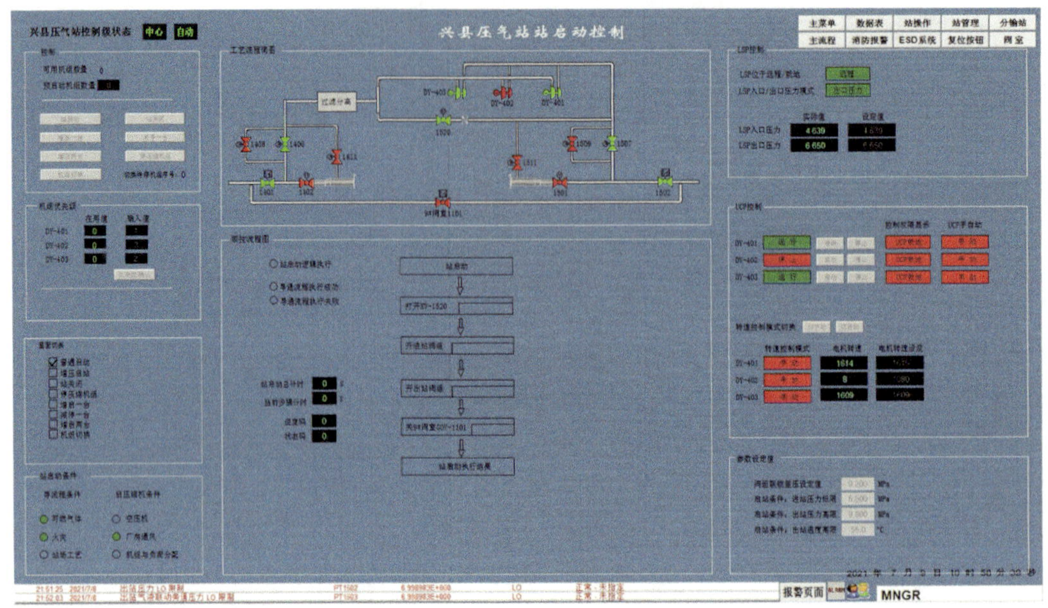

图 6　兴县压气站改造后的一键启停控制界面

四是按照项目功能，逐项验收。首先做站控级别的压气站一键启停测试，包括一键启停站，一键启停站加压缩机组，一键启压缩机组，增启机组，减停机组，切换机组，优先级设定。在站控验收合格后，再做调控中心远控一键启停测试，包括一键启停站，一键启停站加压缩机组，一键启压缩机组，增启机组，减停机组，切换机组。

所有功能正常投入使用后，向调度汇报，通过验收。

项目安全、高效实施，人员水平得到进一步提高。一键启停的将对具体设备的操作转换成了对流程的操作。虽然这种转换对自动化水平要求更高，需要梳理各种设备操作之间的组合与衔接，以及异常工况、设备故障后的处理，但是很灵巧地避免各机组之间的差异性，简化了操作。

在一键启停过程中，统一对压缩机组控制系统中存在的问题进行了处理，如兴县压气站增加泵启机逻辑优化、空冷器控制程序调整、密封气截断阀控制自动改造、压缩机组升降速率控制、负荷分配实现了出口压力与入口压力联合控制，环境参数异常避免提速等。在陕京四线，集中处理了空冷器远程控制改造、干气密封加热器程序优化、机组调速由负荷分配转为单机、自动并机模式改进、负荷分配优化等措施。提高了机组的运行效率，排除了机组运行过程中

的故障隐患。同时，在梳理过程中，通过公司员工全面参与，与站控、压缩机控制系统生产厂家、设计人员充分交流，技术水平有了长足的进步。

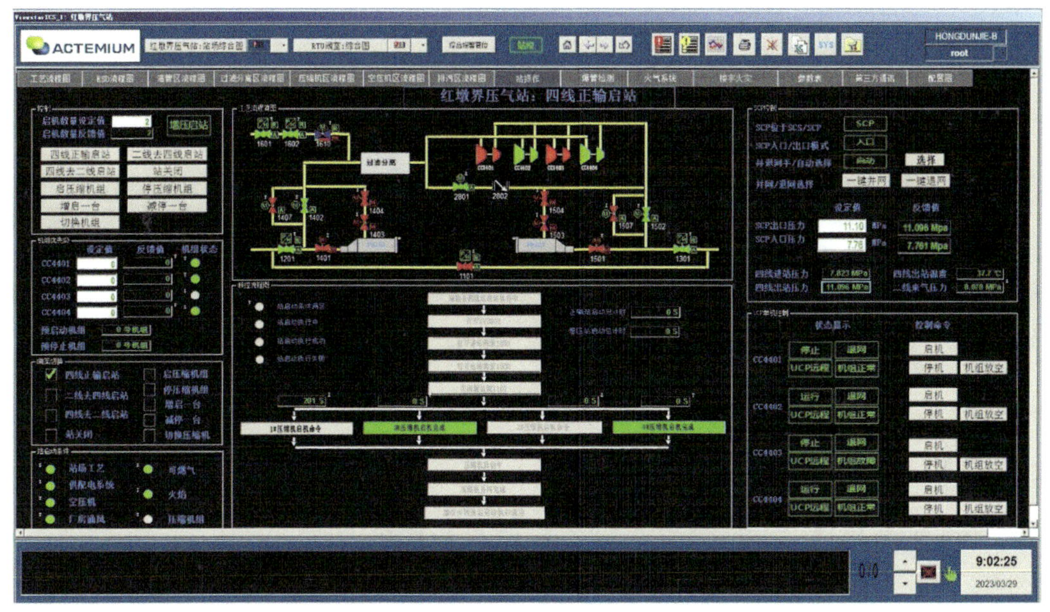

图 7　红墩界压气站改造后一键启停控制界面

三、自动分输和压气站一键启停改造，自动化水平提高显著，运行安全与操作效率得到进一步提升

公司已完成所有站场的自动分输改造工作，一体化智能控制器能够实现高性能阀门控制器的国产化，降低成本，节省站场建设和改造投资。项目成果可以在后续的无人值守站推广，能够提高自控控制水平，生产效率，节省人力成本。

目前已完成兴县、临县、陕京四线红墩界、鄂尔多斯、托克托、乌兰察布、张家口等 7 座压气站的一键启停改造工作。计划于 2023 年完成阳曲、唐山压气站，2024 年完成石家庄、榆林压气站的一键启停改造工作。即 2024 年底完成所有压气站的一键启停改造工作。届时，所有站场都可从繁重的设备监控运行的工作中解放出来。可以有更多的精力用于提高设备的维检修质量，提高设备运行的可靠性。为下一步，无人压气站的建设，奠定了良好的基础。同时也为构建智能的数字化管道提供了绝佳的系统支持。

国产化代替加速推进，专业化管理水平显著提升，发展动能进一步增强

压缩机组是管道输送行业的核心设备，设备复杂，技术含量高。北京管道公司始终按照集团公司高质量发展、精细化管理的要求，坚持国家大战略，坚持关键设备国产化，持续推进压缩机组自主维保，坚持核心技术自主化，以进口压缩机组维保大修为突破口，打破了长期以来关键备件依赖进口，机组维保大修依赖国外厂商的局面，实现了压缩机核心部件国产化、维护保养自主化，并逐步推动机组自主大修。

一、推进国产替代，保障能源安全

陕京管道的建设投用主要是为京津冀及沿线地区提供稳定可靠的天然气能源供给。自 1997 年陕京一线建成投产以来，站场所用主要设备均为国际稳定成熟的产品，设备运行稳定，故障率低，为能源安全保障做出了重要贡献。近些年来，随着国内国际形势的演变和发展，一是国内制造业取得了长足发展，部分设备的使用性能已接近国外同类产品，有的甚至超过国外产品成为行业的佼佼者；二是国际形势发生了较大变化，国外产品的进口管制越来越成为行业发展的一大隐患。因此，推进进口设备的国产化替代工作成为现阶段的一个重要课题。

近些年来，北京管道公司利用机组大修时机，就进口压缩机组关键部件国产化进行了有益的尝试。先后在兴县德莱塞兰机组、榆林罗罗机组、阳曲曼透平机组的大修过程中使用干气密封、级间密封、平衡盘密封、滑动轴承、止推轴承等国产关键大修部件，取得了良好的应用效果。特别是在榆林 RY3403 机

组大修过程中，对故障叶轮和平衡盘的国产化替代及榆林 DY404MAN 压缩机定子的国产化替代维修应用，标志着北京管道初步具备了压缩机从旋转部件到定子部件的国产化替代能力，也为下一步进口机组备件及整机国产化提供了数据积累和应用实践。

2020 年公司发布了《第一批压缩机组可国产化设备及零部件清单》，其中国产化压缩机组备件数量已达 103 项，主要包括：级间密封、径向轴承、止推轴承、干气密封等关键部件，极大地拓宽了备件的采购途径，为设备的稳定运行提供了可靠保障。

（一）核心突破，带动备件国产化加速

2020 年 1 月，榆林压气站 RY3403 机组大修通过 72 小时试机。装有国产叶轮及平衡盘的压缩机转子驱动端和非驱动端轴振动值为 8~9μm，小于维修前的 11~13μm，达到了国际同类机型的性能。

公司此次大修的压缩机组是美国罗尔斯罗伊斯公司生产的 RF4BB36 型离心式压缩机，在检修中发现压缩机核心部件转子一级叶轮入口存在 3cm 长裂纹，且平衡盘密封的第三组梳齿也出现较严重的磨损，存在巨大安全隐患，已无法满足机组运行要求。由于公司叶轮及平衡盘无备件，通常转子返回原厂维修需要 6 至 8 个月的时间，而当时正值冬季保供的关键时期，且过程时间不可控。公司积极与国内技术实力较强厂商沟通和交流，并安排专业工程师开展叶轮及平衡盘测绘，直接参与重新制造新叶轮与平衡盘。从图形设计、材料选择到加工等，公司专业工程师全程参与对接，并在 45 天内完成了整个叶轮及平衡盘的加工、装配和测试工作。

关键设备国产化是工业自立与民族自强的必由之路，也是国家能源安全的重要保障。由于当前国内进口压缩机备件长期依赖国外厂家进口且工期长，为了推动进口压缩机组相关设备国产化，公司前期对国内压缩机备件生产厂家进行技术交流调研，为此次成功通过技术交流，方案的制定和比选，中期精心制作和后期安装，以及一次试机成功奠定了坚强基础。这标志着公司进口设备核心部件国产化替代工作在实践层面迈出了坚实的一步，在打破国外压缩机技术壁垒方面取得了突破性进展，也为日后进口设备国产化开辟了一条新途径。

（二）思维自主，实现控制系统国产化

2021 年 11 月，榆林压气站和阳曲压气站 10 台 MAN 压缩机组控制逻辑系统国产化升级完成，分别经 72 小时运转和压缩机组负荷分配测试工作，各项数据均达到或超过设备出厂状态，为公司智能化转型升级奠定了基础，也为公司“保冬供、保冬奥”及时提供了动能，更为公司可持续发展注入了核心竞争力。同时，该项目在完成过程中发表国内核心期刊学术论文两篇并申请软件著作一项。图 1、图 2 为在发表的论文，图 3 为申请的软件著作权。

风机技术

天然气压缩机仿真测试平台的设计

Design of Simulation Test Platform for Natural Gas Compressor

Di Qian[1] Hui Zheng[1] Pei Zhang[1] Shuai Wang[1] Chao Liu[1] Yang Zhao[2]

(1.Petro China Company Limited;2. Shenyang Blower Works Group Corporation)

图 1　在《风机技术》期刊上发表的论文

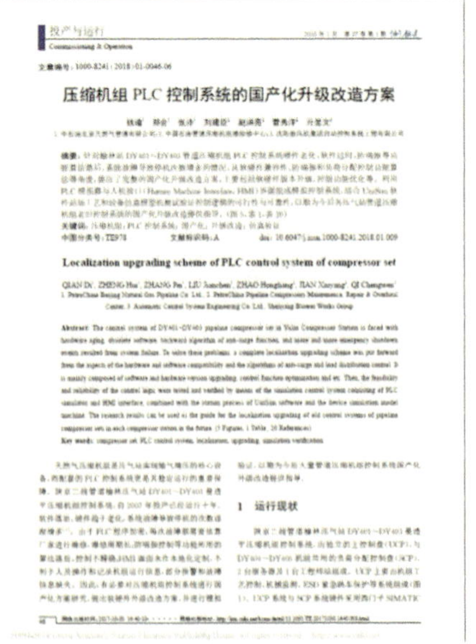

投产与运行
Commissioning & Operation

文章编号：1000-8241（2018）01-0046-06

压缩机组 PLC 控制系统的国产化升级改造方案

中图分类号：TE978　文献标识码：A

Localization upgrading scheme of PLC control system of compressor set

1　运行现状

图 2　在《油气储运》期刊上发表的论文

中华人民共和国国家版权局

计算机软件著作权登记证书

软件名称：面向西门子系统的管线压缩机控制程序软件 V1.0

著作权人：中石油北京天然气管道有限公司；赵贯鑫；钱迪；郑会；张星；薛继旭；张沛；潘彪；董秦龙

开发完成日期：2017年10月01日

首次发表日期：2017年10月01日

权利取得方式：原始取得

权利范围：全部权利

登记号：2018SR627727

根据《计算机软件保护条例》和《计算机软件著作权登记办法》的规定，经中国版权保护中心审核，对以上事项予以登记。

中华人民共和国国家版权局 计算机软件著作权登记专用章

No.

2018年08月08日

图 3　申请的软件著作权

MAN 压缩机为德国制造，控制逻辑系统相当于压缩机“大脑”，决定着压缩机的正常运行。北京管道公司榆林、阳曲压气站的压缩机组已运行十年以上，其机组控制系统和上位机软件系统版本老旧，生产运行的可靠性、稳定性状态不佳，其中防喘阀、热回流阀控制逻辑只能满足最基本的机组启动运行，榆林站热回流阀几乎代替了防喘阀对机组的控制，给机组正常运行带了一定安全隐患，无法实现机组负荷的自动分配，只能手动人为调整。另外，部分控制系统硬件逐步退出市场，存在停产风险，难以确保正常生产运行。如 DY401、DY402 等压缩机组若请国外厂家对控制逻辑系统进行升级改造，其单台成本高达 260 多万元，而且作业周期长。针对这一难题，北京管道公司为彻底排除隐患，迅速成立攻关组，努力寻求“自主科技创新”最佳路径。

从 2020 年 8 月份开始，北京管道公司瞄准关键症结，力求打通技术瓶颈，组织攻关组成员参与设计攻关，通过翻译大量原始外文资料，收集整理详实的

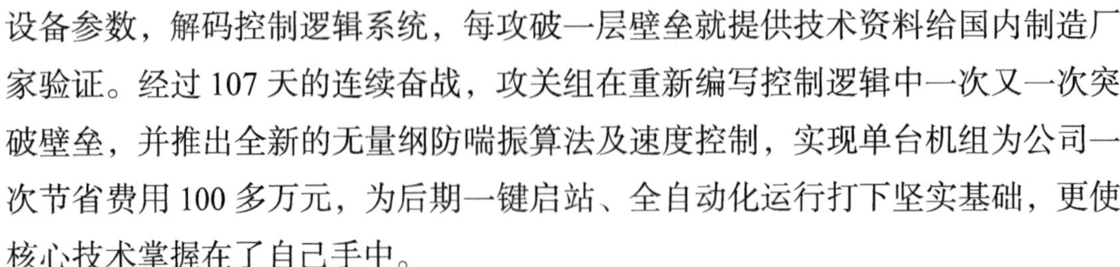

设备参数，解码控制逻辑系统，每攻破一层壁垒就提供技术资料给国内制造厂家验证。经过 107 天的连续奋战，攻关组在重新编写控制逻辑中一次又一次突破壁垒，并推出全新的无量纲防喘振算法及速度控制，实现单台机组为公司一次节省费用 100 多万元，为后期一键启站、全自动化运行打下坚实基础，更使核心技术掌握在了自己手中。

同时，北京管道公司攻关小组自主对以前厂家顺控逻辑进行了全面优化，减少了三个无用的顺控逻辑，同时增加了较为实用的且符合实际的顺控逻辑和中文界面，解决了现场操作人员手动操作多的问题，操作界面更加人性化；增加了程序的易读性，以前的逻辑较为复杂且难理解，新编写的程序可读性强，简单明了，方便操作员的日常故障排查及学习；极大降低了控制系统方面问题解决难易度，以前程序修改较为困难，程序里面的问题也很难发现，在升级过程中进行了修改调整。控制逻辑系统全面升级完成后，所有程序实现国产化，不仅为以后解决问题提供便利，减少费用，提高服务质量外，更重要的是可以持续优化改进，使程序更加便于服务机组运行。

北京管道公司压缩机控制逻辑系统自主国产化升级改造的成功，使现有压缩机设备性能更优异，操作监控更直观，为公司提质增效、转型升级、高质量发展做出了应有的贡献，为把滚滚的天然气输送到首都及管道沿线提供强劲动能，为国内同类机组改造升级提供了极大参考价值！为管网行业推动数字化转型之路树立了范例和标杆！

二、强化技术自主，充分发挥基层员工主观能动性

近年来，北京管道公司在压缩机组自主维保、大修方面进行了一些有益的探索，在技术自主和提质增效方面取得了一定的成效。

突破国外维保技术垄断，掌握全机型维保技术。凡事预则立，不预则废。早在 2019 年 4 月公司就开始着手组织自主维保探索。以机组 8K 保养为契机，组织专业人员跟着外委单位人员一起干、一起学，录制关键工序的维保视频。公司选拔技术领军骨干人员到沈鼓、一通等压缩机专业制造厂及配套设备厂进行系统高端定制培训学习，为内部专业人员自主维保及大修积累理论和实践经验。

通过对维保和大修的不断学习和实践，北京管道公司突破了相关维保技术

瓶颈，掌握了维保、大修的技术核心，进一步提升了技术人员的自信心和专业技术能力，并总结出“四位一体”大修工作经验法——“组织保证、程序控制、过程指导、分步验收”。特别在“程序控制”中制定相关标准，编制了《压缩机组自主大修工作流程说明》指导手册、13 套各类《压缩机组维保标准化手册》、35 项维检修标准作业卡。此外，还制作了《自主维保 39 种螺栓规格尺寸及扭矩表》，实现维保人员看表取用工具“一拿准”。

发明自主维保工具，提升工作效率，缩短维保周期。工欲善其事，必先利其器。为做好自主维保和大修，专业人员发扬大胆创新，DIY 了 7 项自主大修工具，不但突破了国外维修工具的制约，而且每项工具提升工作效率至少 30%，大修时间也有原来的 45 天减少到了 35 天。

发明的“轴承拆装专用提手工具”解决了轴承拆装时“没有抓手”的问题；发明的“电机盘车工具”解决了大型电机盘车困难的问题；发明的“齿轮箱低速轴推拉工装”解决了齿轮箱低速轴推拉困难的问题；发明的“维修转角工具”解决了联轴器护罩拆装难以定位的问题等。此外，自主维保团队还自制了 3 套专用工作台和专用工具箱做到了保养现场的规范化管理。

培养三支人才队伍，为高质量发展奠定基础。宝剑锋从磨砺出，梅花香自苦寒来。自主维保大修是北京管道三支人才队伍建设的“练武场”。公司以“培养一支善于动手解决现场问题、具有‘工匠’精神、懂技术能动手会写方案的综合型、复合型技术技能骨干人才队伍”为目标，着力提升自主维保、自主大修队伍的管理、技术和技能。

在自主维保大修过程中，实施横向学习，纵向培养的方式进行人才培养。为各分公司提供学习平台，促进各分公司间的相互学习，并由分公司内部进行人才培养，让能力较强的工程师担任组长，以老带新，相互启发，逐步推进。另外，公司在维抢修分公司单独设立压缩机维保队，配合各分公司完成维保大修作业。

通过多年的自主维保大修，积累了许多宝贵的经验，作业过程中，各单位相互配合，保养队伍逐步壮大，已培养维保大修人员 54 人，为公司自主维保大修提供了人员保障。

高效的管理，结出丰硕成果。精细管理、高超技术和精湛技能定会创造良好的经济效益。三年来，已累计完成自主保养 80 台次，自主大修 3 台次，压缩机组自主维保率达到了97%。在实现保养大修技术自主的同时，不仅为公司培养了一批自主维保大修人才，也为公司节约了大量的维保资金，节约资金约1845万元。

随着国内加工和制造技术日益成熟，国产化替代工作将进一步加速推进，设备及技术的自主化率将进一步得到提升，备件及服务长期以来受制于国外企业的局面将彻底被打破，核心设备的专业化管理水平将得到显著提升，企业的发展动能将进一步增强。

实施线路巡检差异化 降本增效防风险

国家管网集团北京管道有限公司（以下简称“北京管道”或“公司”）认真贯彻党中央、国务院关于深化国有企业改革的决策部署，坚持以习近平新时代中国特色社会主义思想为指导，突出问题导向、目标导向、结果导向，持续提升管道管理水平。公司管道保护工作按照“公司决策、分公司管理、作业区执行”的管理要求，2019 年起全面实行“区域化”改革，将原来的输气站场与管道维护站进行整合，成立 30 个作业区。作业区执行管道巡护工作，巡护队伍以业务外包的模式由专业保安公司承担，负责管道进行日常巡查。各作业区为 149 段管道配备了段长，段长兼任所辖管段高后果区区长。

一、巡护业务外包，合理规避用工风险

从 1997 年陕京一线建成投产至 2018 年 4 月，公司所辖管道和阀室巡护工作执行属地化巡护模式。即每条管道自投产运行后在由输气管理处在管道途经附近村庄雇佣当地村民，在农业生产空闲时间兼职为公司提供管道和阀室的日常巡护工作服务。

属地巡护模式早期在公司管道巡检和阀室管理方面发挥了重要作用，但随着公司管理要求的提升，社会经济发展和相关法律法规的健全，属地巡护人员在管理过程中存在安全责任不落实的情况越发明显，用工方式带来的法律纠纷和管理制度缺陷亦日益明显，属地巡护模式已不适应公司高质量发展要求。为合理控制公司管道巡护中非全日制用工为主而引发的法律风险，响应依法合规、提质增效以及公司低端低效业务外包的总体要求，在保持管道巡护工作力

量和质量不降低，风险处于受控状态的情况下，公司于 2018 年管道巡护由属地化巡护模式转变为专业化巡护模式。即通过招标等方式选用专业巡护公司执行管道及阀室的巡护任务，各输气管理处与专业巡护公司签订巡护服务合同。

专业化巡护模式后，我公司不再对巡护人员进行管理，只负责对专业巡护公司提供服务进行监督、检查，使其服务质量满足我公司要求。专业巡护公司自行招聘人员为我公司提供服务，聘用人员均与专业巡护公司签订劳动合同，由专业巡护公司进行人员管理及工资发放。该工作于 2018 年 4 月在陕西输油气分公司先行试点，8 月开始在全公司范围内推广，9 月底各单位完成人员签转工作后完成，有效规避了属地化用工的法律风险。

二、差异化巡检，推动管道巡护质量提升

在 2021 年实施管道差异化巡检前，公司管道巡线全部采用徒步巡线的方式，每 5 至 8 千米配置一名巡护工。随着 2018 年陕京四线建成投产，公司共有巡线工 1100 多人，平均单千米巡护费用约 8000 元，年总巡护费用 4000 万元。为降低巡护成本，本着以风险管控为导向，以管道安全平稳运行为目标，2021 年公司提出了差异化巡检方式，并结合行政区、地理特征等因素将管道划分为若干管段并设置管段段长，负责所辖管段范围内的管道保护、管道宣传、高后果区管理等管道管理工作。

一是建章立制。制定了《管道设施安全保卫管理规定》和《管道巡护标准化手册》，从制度上规范各级管理单位的职责。各分公司和作业区按照风险识别与评价结果制定《管道巡护工作方案》，依据时间节令、地域特征特点适时调整管道巡护力量，充分识别农耕、秋收、管道周边施工等重要时段和事件进行动态调整。

二是精细化方案。作业区应结合管道周边风险情况，开展线路差异化巡检。在京津冀平原地区和有人员活动地区巡线员应主要采取徒步巡检；在陕晋蒙地区，根据地形地貌可采用徒步巡检、视频监控、无人机巡护等多种巡护方式相结合。合理设置巡检关键点，持续优化巡检路径，确保巡检无盲区。

三是标准化巡护。巡线工上岗签需通过培训并完成内部取证工作，保证 100% 持证上岗。同时，不定期队巡线工进行安全生产教育和培训，巩固本岗位的安全操作技能，具备岗位应急、第一时间初期处置与紧急避险能力。统一

制定了标准巡检卡片，统一巡线工服装。携带便携工器具包，包中应包括巡检手机、铁锹、警戒带、签字笔、抹布、管道保护宣传册等物品。高后果区、高风险段、第三方施工频发段加密巡护频次，保证每天不低于两次。汛期，管道防汛风险部位应重点巡护，雨后及时开展巡检。国家重大活动、重要会议等特殊时期，严格落实相应等级安保措施，隧重要部位实行 24 小时看守。

四是强化监督考核。作业区应每日对巡护承包商和巡线员工作情况进行监督和检查，对巡检质量进行分析，发现异常情况时，立即进行调查核实。各分公司每月对巡护外包单位进行打分考核，不合格的扣除相应合同款项，发生事故的解除服务合同。

五是精准化宣传。要求巡线员每日在巡线过程中随时随地开展对农田户主及沿线群众的管道保护宣传工作。对主动提供第三方施工信息，并经作业区人员确认属实的，可对信息提供者适当发放现金或物质奖励。作业区建立管道沿线土地经营者、大型机械手等微信群，管段责任人任群主、作业区主任驻群监督，定期发起管道保护话题，宣讲内容与奖励机制结合，保障宣传效果。

三、多措并举，实现管道巡护降本增效

为应对日益复杂的管道外部环境，因地制宜利用卫星遥感、无人机巡护、视频监控、光纤预警等高科技手段织牢“天上、地面、地下”三维立体风险监控网，切实提升管道风险防控水平。一是在保证安全生产和维稳风险可控的基础上，根据风险评价结果，在管道外部风险较低和已经采取视频监控、光纤预警、无人机定期巡护等技防措施的管段，可根据实际情况，通过变更巡检方式、和徒步巡检频率，增加单人巡检管段长度等办法，对管道巡护人员进行了一定的压减。二是全面梳理 100 米范围内并行段管道，包含管网集团下属兄弟企业所辖管道，对并行的多条管道线路进行区域化整合巡护，避免并行段管道巡护人员重叠，同时避免多家管网下属企业在同一地区重复进行业务外包。公司巡护人员缩减至 910 人，年巡护费用减少 612 万元。三是配备无人机 61 架，无人机飞行员取证 47 人，主要执行人员不易到达区域的巡检任务，同时在发生自燃灾害导致道路阻断无法迅速到达时，借助无人机用于应急巡查管道情况。四是开发了专业的巡检系统，为每名巡护人员配备一台巡检手机，对巡护员动态跟踪，并实现巡线过程的限时、限速、限路径，提高巡护质量。五是安

装固定视频监控设备 639 套，可移动视频监控设备 249 套，实现了对全线Ⅲ级高后果区、风险较高区域、交叉工程、周边工程的 24 小时实时视频监控。六是在陕京二线及陕京四线安装了 400 多千米光纤预警系统，可识别光缆两侧 10m 范围内的人工开挖、25m 范围内的机械活动，累计有效预警事件 47 起。

管道巡护工作将紧紧围绕深入落实贯彻公司“1123”发展战略，和质量发展水平有关要求，坚持以管控管道风险为核心，以降本增效、压实责任为重点，周密部署，精准施策，稳步推进，大力提升管道巡护管理质量。同时，北京管道公司将坚持永不懈怠的精神和严细深实的作风，扎实推进安全生产各项工作，为全面建成行业领先的专业化管道公司、为集团打造世界一流企业、为保障国家能源安全做出新的更大贡献。

持续优化项目管理模式
推动工程建设高质量发展

国家管网集团北京管道有限公司坚持以习近平新时代中国特色社会主义思想为指导，突出问题导向、目标导向、结果导向，全面落实“两个一以贯之”，结合工程建设业务管理实际，五年来持续优化工程建设项目管理模式，提升管理水平，推动工程建设高质量发展。

一、坚持开拓创新，转变工程建设项目管理模式

2019 年 1 月北京管道为加快推进工程项目实施，积极开拓工作思路，创新工作理念，进行了工程建设业务的机构重组整合。按照集约、集中、项目群管理的思路，成立管道工程建设项目部，将大唐煤制气、唐山 LNG 外输、港清三线、陕京四线、宝香西等 14 个项目部予以撤销，项目管理工作全部纳入管道工程建设项目部统一管理，实现了公司工程建设项目管理模式从过去单一项目管理到集中专业化项目群管理的转变。

构建全新的工程建设项目管理体系。按照公司工程建设管理专业化的管理思路，总结陕京四线、密马香等项目管理实践成果，重新构建管道工程建设管理模式和体系流程。通过体系建设，明确了进度、质量、安全、投资等项目管理要素。从前期管理、设计管理、施工管理等方面进行了梳理、合并、优化，以“业务清晰，职责明确，流程顺畅，管控到位”为指导思想，深度融合集团公司及公司管理要求，突出项目群管理思路，编制各类管理文件 48 个。

集中专业化项目群管理。2019—2020 年新的体系流程进入运行阶段，公

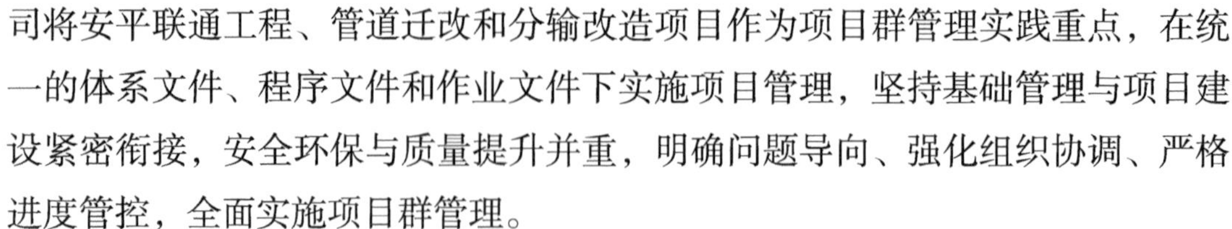

司将安平联通工程、管道迁改和分输改造项目作为项目群管理实践重点，在统一的体系文件、程序文件和作业文件下实施项目管理，坚持基础管理与项目建设紧密衔接，安全环保与质量提升并重，明确问题导向、强化组织协调、严格进度管控，全面实施项目群管理。

打造项目管理专业化团队。以体现专业化管理，涵盖管道建设全过程，有利于履行监督、服务、支持、保障职能为基础，管道工程建设项目部建立了与专业化项目管理模式相适应的组织机构，快速完成了管理队伍的组建。在项目群多任务管理下，全面增强执行能力、解决问题能力，提升全员的管理经验和知识技能，促进个人能力向团队能力转化，实现项目建设经验及管理知识的有效积累和资源共享，提高管理水平和工作效率，完成由单一项目管理向项目群管理转变。同时采取多元化用人结构，发挥专业人才的技术和管理优势，消除业务短板，建设专业化管理队伍。

在公司统筹下，工程管理部、管道工程建设项目部等部门精心组织施工，克服时间紧、任务重等多重困难，强化计划执行，顺利完成工程建设任务。托克托和红墩界压气站 2019 年 5 月 30 日建成投产，鄂尔多斯、乌兰察布和张家口压气站 2019 年 10 月 30 日建成，安平联通工程 2019 年 10 月 30 日具备投产条件，密云—马坊—香河联络线 2020 年 9 月 30 日建成投产，西山北阀室分输改造工程、霸州分输站改造等 3 项目 2020 年陆续建成投产，涿州迁改等 4 项迁改工程 2020 年 10 月 30 全部建成投产。工程管理部、管道工程建设项目部获得天然气基础设施互联互通工程建设先进集体称号，陕京四线输气管道工程荣获国家优质工程奖。

二、坚持建管融合理念，深化工程建设项目管理模式

按照国家管网集团建管融合指导意见的要求，2021 年北京管道公司进一步推动工程建设目标与生产运行目标有机衔接，在项目全生命周期内持续深化落实工程建设和生产运行“一盘棋”的系统和全局的理念，积极推行工程建设管理与生产运行管理深度融合的工程建设管理模式，推进公司油气储运设施工程建设项目建管融合高质量发展，坚决打赢“工程建设攻坚战”。

系统建立建管融合管理机制。工程管理部编制了建管融合工作方案、实施细则，统筹落实自建项目建管融合协调渠道。根据建管融合原则组建项目部，

项目关键岗位配备生产运行人员。在冬奥保供重点工程张家口支线项目群建设中，属地分公司按照建管融合工作方案要求，派出包括生产副经理、2 名管理人员和 2 名技术人员的协调小组，全程深度参与项目管理组织工作，做实建管融合项目部，推进共享管理，共同做好“三查四定”、中间交接验收、投产条件检查及问题整改工作，为项目安全平稳、高质量建设高水平投产提供牢固基础。

提升项目全生命周期管控能力。一是提升项目前期工作质量。工程管理部组织深入论证管道宏观路由方案和站场总图布置方案、阀室选址方案安全性，发挥属地生产运行人员的专业优势，重点关注项目建设和运维条件，突出对高后果区、高风险区的风险分析，完善基于风险的管道保护技防设施设计。二是提升项目设计工作质量。设计方案关系到管道的本质安全和运维成本，工程管理部组织属地分公司参与项目设计方案的论证，参与材料和设备选型审查，将生产中发现的典型问题，落实优化到设计方案中。以生产运行经验指导工程设计，保障工程建设与运行维护的连续性。张家口支线群项目设计阶段，生产运行人员全程参与现场路由勘察、设计文件审核等设计各环节，提出相关建议和问题 35 项，确保设计方案的安全可靠性、操作灵活性、检维修便捷性。三是严控施工质量安全。管道工程项目部与属地分公司充分沟通协商，生产运行人员全程参与线路站场现场施工质量安全监管和施工全过程风险管控，到场参与见证关键施工工序作业，签署隐蔽工程等关键工序施工资料。管道下沟回填后生产运行人员提前开展管道巡护，确保无占压无纠纷；对于新建管道并行或交叉穿越在役管道段，属地分公司进行现场监护，确保生产安全。张家口支线群建设期间，属地分公司安排 18 名生产运行人员，负责关键工序监督和确认工作，共发现 286 处质量问题并完成整改。面对张家口支线项目与陕京四线干线交叉 30 处，并行 19.8 千米，并行距离长，交叉次数多的难题，生产运行人员开展作业监护 190 人次，有效地保障了张家口支线工程建设和陕京四线的安全运行。

加强建管融合实施成效的监督检查。工程管理部牵头落实工程质量主体责任，强化工程风险预控和事故隐患排查监管，围绕工程建设目标和生产运行目标，全面落实管道工程建设项目部和属地分公司主体责任，加大工程风险预控和事故隐患排查监管，加强建管融合工作执行监管，加强监理、无损检测工作质量监管，有效提升联动监管效能。

三、坚持市场开发导向，积极探索高质量高价值服务的工程建设项目管理模式

为厚植市场开拓能力，做强“从客户中来到客户中去”的核心价值链。强化市场营销，以拓展客户为出发点，扶持新客户、引领新需求。面对所属区域市场竞争激烈，市场开拓面临考验，经营压力挑战较大的问题，公司提出要以市场为主导协同推进增量增收，成立市场开拓协同推进专班，切实解决难点、痛点问题，缩短项目建设周期，推动竞争性管输项目抢规抢建抢收，以“投产即分输”提高管网渗透率，保障市场占有率快速增长。为达到任务目标，必须结合生产经营情况和业务管理实际，继续提升管理水平，优化项目管理模式。

项目管理提升和优化。2022 年，公司将工程建设项目管理体系建设作为公司管理提升重点工作之一，全面梳理公司新建项目、上下载项目、改线项目的特点，结合本部各部门和基层单位的情况，改进项目的管理模式，研究形成《工程建设项目管理优化工作方案》。优化工作方案对新时期工程建设项目管理制定了详尽要求，并通过修订管理办法全部固化到体系文件中去，管理体系得到显著优化提升，水平和效率大幅提高。

确立站内改造项目管理新模式。按照优化工作方案要求，为充分发挥属地分公司的地缘优势，将站内改造不涉及新增用地的项目，明确由属地分公司负责具体实施。工程管理部加强现场指导和业务培训，提高各分公司项目管理水平。项目管理主体变化后，工程建设节奏加快效果显著。2022 年陕京一线小疙瘩阀室和陕京三线 3# 阀室两个上下载项目，创当年立项当年投产见效新纪录，项目建设周期由最长 30 个月降至 12 个月内。永清互联“关键小事”项目、高丽营站、霸州站升级改造项目也按期建成。

积极探索分输站模块化橇装化建设新模式。陕京管道沿线新增用户用气需求不断出现，为满足市场用气需求，沿线各站场急需进行改造扩建。由于传统工艺设施集成度低、占地面积大，征地困难，建设周期长，不能快速响应新增用气需要。为缩短建设周期、达到高质量快速建站、快速投运的目的，按照公司统一要求和部署，工程管理部组织对模块化橇装化建站开展研究工作，深入探索模块化橇装化的创新建设模式。2022 年 3 月工程管理部组织召开站场分输改造模块化橇装化建设标准研讨会，分析研究陕京管道沿线分输站的现状及主

要参数，合理划分橇装化系列，明确橇装化布置方式，形成公司的分输站模块化橇装化建设报告书。

按照“先试点、再推广、先局部、再全站”的步骤，通过模块化橇装化建设新模式，力争达到“集成度高、占地节省、施工安全可靠、建设快速高效”的效果，解决当前存在的困难和问题。2023 年 3 月，分输站标准化建设提升试点项目张家堡分输站改造项目模块化橇装化建设方案获得批复，项目进入实施阶段。与传统建站方式相比，项目占地面积减少了约 47%。工程管理部将继续组织研究集成度高的多种功能模块，逐步形成标准化、系列化成果，通过适当组合即可满足不同的分输气量、不同功能需求，逐步推广模块化橇装化建设新模式，最终达到满足保障市场占有率快速增长的目标。

回眸五年，在公司党委的坚强领导下，公司工程建设业务实现了跨越式发展，五年来新建管道 339 千米，新建站场 22 座，改造站场 21 座，21 项工程相继建成投产。今后北京管道公司将继续奋力拼搏，积极进取、创新务实，持续优化工程建设项目管理模式，努力完成各项工作目标，为把国家管网建成中国特色世界一流能源基础设施运营商努力奋斗。

数字化转型和信息化建设取得实效 科技支撑力明显提升

北京管道公司稳步推进科技数字化战略落地，加强数字化转型顶层设计，成立数字化转型委员会，紧密围绕建设、运营、维护、科研等4个领域方面开展数字化基础提升工作，完善现场设备智能化感知功能和数据集中回传功能，生产管控更加集约高效。以数据为核心，整合现有存储资源，持续优化虚拟化数据中心功能，降低运行和数据风险。加快信息系统整合，公司23个自建信息系统按照数字平台总体架构提出平台化改造升级方案。根据集团数据中心建设进展，编制平行迁移上云方案，有序完成38个信息系统上云。2017年以来，公司累计承担科研项目84项，其中集团级科研项目8项，公司自立项目76项，为公司生产经营管理和安全管控提供支持。期间公司共计获得授权专利33项，其中发明专利软件著作权登记27项，荣获省部级以上科技奖励10项。

一、数字化转型和信息化建设取得实效

自“十三五”以来，公司始终按照集团公司信息化建设“六统一”的部署要求，优先使用集团统建信息系统满足生产经营及办公需求，并根据自身实际情况建设自建系统以满足企业个性化业务需求，目前公司在用信息系统38个，其中集团统建信息系统15个，公司自建信息系统23个。形成了以ERP应用集成系统为核心，以管道生产（PPS）、管道工程建设（PCM）、管道完整性（PIS）三个专业应用系统为支撑的信息化总体架构。

（一）统建信息系统建设情况

ERP 系统：公司在完整业务领域全面建成应用 ERP 系统，应用范围覆盖设备维护与管理、物资采购、调拨和库存管理、销售管理、财务管理、项目管理等核心业务流程。不断深化 ERP 应用，开展了 ERP 系统压缩机组单机精细化管理、服务采购功能全面应用、与 SCADA、HSE 等系统接口、开发项目建议计划、设备管理提升等工作，对规范业务流程、提升管理效率发挥了重要作用。

管道生产管理系统（PPS）：系统为集团公司、地区公司及其基层单位提供了统一集成的生产运行信息平台，提升了管道生产运行整体管理水平，使用的业务功能包括：计划管理、能耗管理、调度管理、日指定管理、运销计量管理、统计报表、决策支持、需求预测、场站管理等。

管道工程建设管理系统（PCM）：系统是支持天然气与管道工程建设管理业务的核心应用系统、协同工作平台和数据采集平台，公司对所辖承建的管道建设工程、站场改扩建工程等项目进行工程建设管理与数据及时采集。

管道完整性管理系统（PIS）：系统实现了各种影响管道安全的因素综合管理，实现了管道日常运维信息化管理，具体包括：完整性业务管理、基础信息、管道巡检整理、风险管理、腐蚀防护、管道保护等功能。

（二）信息化基础设施建设

公司建成了虚拟化数据中心，由 6 台物理服务器、4 台存储设备组成。共计运行 80 余台虚拟服务器，涵盖公司 95% 的自建应用系统，使公司初步建成了具有灾难备份、云计算服务功能的虚拟化数据中心及灾备系统，实现信息系统集中统一高效运行，确保信息系统运行安全和数据资产安全。

（三）网络安全体系构建

建立了网络安全防护体系、部署了安全防护措施、定期开展安全检查、加强了网络安全队伍建设。建立了以先进的下一代防火墙、网闸、堡垒机为一体的安全防护网络。通过漏洞扫描和基线检查等手段对网络中的所有接入设备开展定期安全检查。在勒索者病毒爆发事件和历次护网行动中，未发生安全事件；2019 年集团网络攻防大赛获得板块第一名的好成绩。

（四）智能管道建设探索

公司构建的建设期智能管道应用平台于 2019 年正式上线运行，紧密围绕

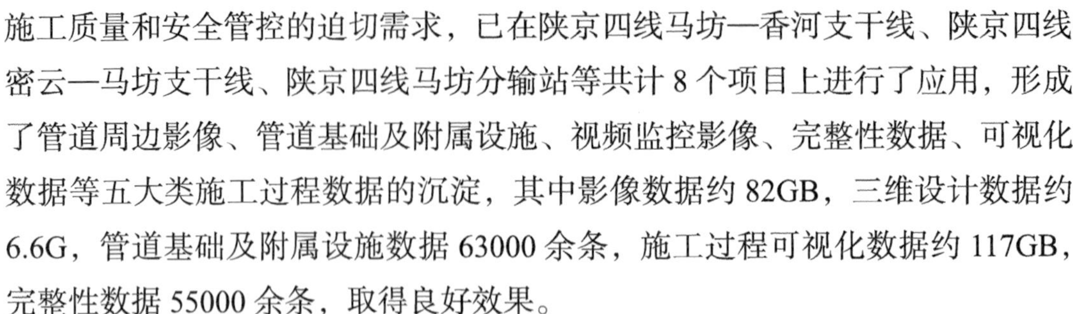

施工质量和安全管控的迫切需求，已在陕京四线马坊—香河支干线、陕京四线密云—马坊支干线、陕京四线马坊分输站等共计 8 个项目上进行了应用，形成了管道周边影像、管道基础及附属设施、视频监控影像、完整性数据、可视化数据等五大类施工过程数据的沉淀，其中影像数据约 82GB，三维设计数据约 6.6G，管道基础及附属设施数据 63000 余条，施工过程可视化数据约 117GB，完整性数据 55000 余条，取得良好效果。

二、强化科技“服务 + 支撑”定位

（一）践行公司“1123”发展战略，科技创新持续深化

完成“十四五”科技发展专项规划的编制工作。围绕党的十九届五中全会精神和“四个革命、一个合作”能源安全新战略，分析了公司科技业务现状、开展了发展形势分析，提出了发展思路与目标，结合公司发展战略、技术发展趋势及需求分析，确定了技术攻关、推广应用、基础平台建设等方面部署内容，提出了保障措施，绘制了远景目标，为“两大一新”战略目标和公司“1123”发展战略提供强有力支撑。

完成科技管理制度修订。为规范和加强科技发展规划、科技计划、科技奖励及知识产权管理，确保实现科技发展规划和计划目标，奖励在科技创新工作中做出突出贡献的单位和个人，加强知识产权保护，激发科技创新活力。根据国家管网集团相关管理要求，结合公司实际，编制修订了《科技管理规定》、《科技奖励管理规定》和《知识产权保护管理规定》三项管理规定。

成功取得国家高新技术企业证书，并通过三年复审。为进一步提升公司核心竞争力和影响力，争取所得税减免、研发费用加计扣除、技术开发转让合同免税及人才引进等优惠政策支持。公司自 2018 年 5 月启动高新技术企业认定评估工作，根据《高新技术企业认定管理办法》和《高新技术企业认定管理工作指引》有关规定，公司于 2018 年完成了高新技术企业认定工作，取得国家高新技术企业证书，并于 2021 年完成复审，2021 年 10 月又成功领取中关村高新技术企业证书。

整合公司内部研究力量，推进产学研用深度融合。组建了技术研究中心，主动加入了中国卫星导航定位协会、中国地理信息产业协会等学会协会组织，承办三次优势技术领域会议论坛；加强与国际领军企业、研发机构、高等院校

合作，与中国石油大学（北京）、中石油管材所、中科院地理所、北京迅腾智慧科技等单位签署战略合作框架协议，初步构建了自主研发和协同研发的创新组织体系。

建立了管道安全与材料测试实验室。组织开展了检测评价技术专项研究，引进无损检测技术 10 余项，累计检测管段 2000 余段，发现管体缺陷 139 个，最深的达到壁厚的 52%。为陕京管道安全生产和平稳运行提供了有力的数据和决策支持。实验室 2022 年通过 CNAS 复评审，资质持续有效。

（二）聚焦专精特新需求，核心技术取得重要突破

在工程设计施工领域。重点围绕压气站建设集成技术、焊口检测工艺、智能管道建设、改性环氧玻璃钢防腐新材料应用等影响设计施工效率及质量的方向进行研究。其中钢制管道改性无溶剂环氧玻璃钢防腐技术研究及应用项目，通过选择不同粒径的高强纤维作为增强材料并调整固化剂添加配比等措施，开展了材料配方筛选与制备工艺优化，制定了应用于补口、弯管、山区石方段、定向钻穿越及站场管道等特殊部位防腐防护一体化的施工工艺。

在材料与装备领域。着重围绕润滑油在线监测及可靠性评估、高钢级管道环焊缝失效机理研究、掺氢输送等影响高效运行及维修维护效益的方向开展研究。其中便携式应急通信系统研究项目，设计制造了一体化双模卫星便携站，可接收传输不同卫星系统、不同类型、不同地点数据的功能；视频数据链路调制解调器、射频单元、卫星天线等主要单元均选用国产设备，且选用低功耗设备；提高了公司应急响应能力，有效解决事故现场信息采集和传输的“最后一千米”通信瓶颈问题，在应急抢险中具有很强的实用性和推广价值。国产压缩机组智能控制提升研究，实现了速度控制和防喘振控制的解耦，解决了压缩机组快速自动并机难题，优化了符合分配；优化了压缩机组的启机顺序逻辑控制，提升了机组工作效率和可靠性。

在油气输送与储存领域。着重围绕运行及应急状态下输气能力评估、精确日指定分输、国产压缩机组智能控制提升、PLC 控制系统评价预测等影响平稳高效运行的方向进行深化研究。天然气计量大数据分析软件及硬件开发项目，研发的国产流量计算机集成流量计在线诊断功能、压力温度变送器多点修正功能，实现对各个站场计量相关设备的监视，设备集成了超声流量计在线诊断功能，能够实时显示声速、增益、信号质量、信噪比、剖面系数等关键参数，并能够实现超声流量计诊断核查，包含声速核查、流速核查、热值核查。站场 PLC 控制系统性能评价技术研究与应用，通过 SCADA 系统实现数据远传并根据模型计算得出实时性能指标分数，以表征控制器工控、通信质量、冗余状况等系统状态，创新性地实现了站场控制系统级和设备级的实时在线监测。

在运行维护领域。着重围绕管道维护维修技术、站场控制运行保障技术等影响管道、站场安全运行的完整性技术体系进行研究。陕京输气管道维抢修重难点区域及技术规程研究，针对山区陡坡、山体隧道、穿越河流、采空区塌陷、泥石流地区、悬索桥等特殊地形和维抢修重难点区域，开展了维抢修专用机具调研，编制了六种特殊地形的维抢修工艺规程。陕京三线良西段全长度在线应力监测技术项目，建立了管道仿真系统，实现了管道管道天然气流动与结构应力快速数值计算的方法；实现了三维可视化显示管道应力状态开发可视化数据展示软件平台，完成了良西段全管段计算试用。

在决策与管理领域。着重开展维抢修流程控制、站内外来人员定位、业务管理支持、数据标准、信息技术等方面开展研究，推动了公司“软实力”的提升。站场外来人员智能管理的应用研究，通过对已有传感装置改造提升，构建智能监控和防范体系，变动被动“监督”为主动“监控”。建立现场不标准行为与违规行为报警模块，根据现场不标准行为与违规行为情况分级报警。陕京管道全员绩效考核体系研究项目，搭建了以平衡计分卡为核心的战略绩效管理体系、绩效指标体系、绩效管理信息系统，构建了全员绩效考核指标库，建立了岗位胜任力模型及评价模型，引入了红绿灯考核机制，形成了绩效评价与能力素质评价双维度的测评架构，实现了党建考核与绩效考核体系有机相融合。

北京管道公司将按照“战略导向、业务驱动、服务发展、引领未来”的科技发展总体要求，开展关键核心技术攻坚，提升自主创新能力和行业技术核心竞争力；形成完备的技术创新、保障和推广应用的技术支持体系。通过以制度流程为载体，一体构建“四大体系”，打造“四大体系”融合示范区，努力探索新时代现代企业治理体系落实落地；通过聚焦“工业互联网 + 安全生产”油气管道行业试点，加快重点应用场景和速赢项目建设，让科技创新和数字化转型给公司带来新变化新体验新增长。

“五位一体”站队标准化建设推进安全生产管理水平提升

认真贯彻集团公司“三湾改编”工作部署，以“3 统一”“2 提升”“1 创新”为主线，聚焦安全生产责任制、QHSE 体系建设、员工能力素质提升等重点环节，以“五位一体”标准化建设为抓手，统一岗位业务流程、工作执行和考核标准，推进集团公司“三湾改编”成果和 QHSE 管理体系在基层“最后一千米”落地。

一、“五位一体”站队标准化建设基本情况

集团公司实施“基层管理、岗位作业、安全目视、基层党建”四个站队标准化建设。在集团公司党组的坚强领导下，公司按照“站队标准化”和“岗位标准化”双达标要求，创建了以岗位作业标准化为核心的基层管理、岗位作业、设备设施、安全目视、基层党建“五位一体”站队标准化建设机制。

自 2018 年以来，公司建立每年全覆盖考核验收，每三年提档升级建设标准的工作机制，持续提升标准化建设水平。2022 年，集团公司组织对公司阳曲作业区开展标准化示范站建设观摩，展示了成果，分享了经验。唐山、永清等 6 个作业区顺利通过集团公司站队标准化复核验收，公司站队标准化建设获评集团公司管理提升标杆项目。公司以全面覆盖、统一标准、试点先行、逐步推广、全面达标为原则，持续推进“五位一体”站队标准化建设，指导基层“写你所做，做你所写”，努力实现基础管理工作有序、设备设施完整可靠、作业风险有效管控，员工能力素质提升、岗位责任履行到位，逐步推进基层站队从

严格监管向自主管理转变。

二、站队标准化建设思路和主要做法

公司按照“站队标准化”和“岗位标准化”双达标要求，创建了以岗位作业标准化为核心，以基层管理标准化为重点，以安全目视标准化为指引，以设备设施标准化为关键，以基层党建标准化为保障的“五位一体”站队标准化建设机制。

以岗位作业标准化为核心，严格管控作业风险。按照“只有规定动作，没有自选动作”的原则，推行“一票两卡”实现岗位操作和作业标准化，有效提升员工“三种能力”。从操作规程中提炼单体设备和工艺流程的关键操作步骤，识别并管控岗位操作风险，编制“操作票”，指导员工使用票卡操作，使复杂步骤简单化、简单步骤标准化。按照单体设备维检修内容和风险，明确操作步骤和管控措施，编制“维检修作业卡”，现场作业“有指令、有监护、有执行、有反馈”，使维检修作业安全受控。强化”一票两卡“应用，将“电子唱票系统”作为操作票、检维修卡执行的载体工具，严格落实“一步一操作、一步一确认”，实现每项操作流程清晰、主要风险管控措施执行到位，促使员工执行“规定动作”、杜绝“自选动作”。综合考虑操作、维检修作业风险因素，将风险相对较高的操作和作业列为一级票卡，执行现场“一人操作、一人唱票”制度，将风险相对较低的作业列为二级票卡，执行“单人操作、移动终端唱票”制度，有效提升执行效率。对小概率、高后果突发事件，明确判断条件和优先处置措施，按照“化繁为简、实战管用”原则，依据作业区现场处置预案中的岗位角色编制应急处置卡。以“十分钟处置为原则”，先处置、后汇报，缩短处置响应时间。对照各岗位的应急处置卡内容，建立岗位员工应急能力清单，明确岗位应急处置所需的基本能力和素质，实现员工从掌握应急流程向提升应急能力的转变。

以基层管理标准化为重点，提升安全生产管控水平。围绕“工作有标准，执行有监督，结果有考核”的要求，开展基层管理标准化建设。一是工作有标准，突出风险辨识和管控责任，按照“五定”原则，建立全员“一岗一清单”。在《岗位HSE责任清单》的基础上，通过“四明确”要求，梳理各岗位周期性工作任务，建立了《岗位工作指引表》。明确岗位工作指引表中各项工作的工作标准，形成作业区、岗位两级《作业指导书》。通过"两书一表一清单"，实现员工"上标准岗、干标准活"。二是执行有监督，以风险分级管控系统作为执行岗位工作的主要载体，将作业指导书中的各岗位工作内容和工作标准录入系统，创建周期性工作任务，定期以工单形式派发到各岗位，提示和督促执行人按期完成工作。三是结果有考核，为督促岗位员工按照既定标准和指标要求完成各项工作任务，按照直线责任和属地责任划分，分别以指标穿透基层考核和属地管理考核为抓手，对标准执行结果进行验证考核。考核结果与员工绩效奖金挂钩，激发员工自主性、积极性，有效促进员工能力提升。

以安全目视标准化为指引，提升员工安全意识。以法律法规和相关标准规范为依据，结合现场实际，充分辨识输气站场、管道线路、作业现场存在的危害因素，编制安全标识、生产区域和员工形象三个方面目视化标准，达到"员工形象规范、风险提示清晰、警示作用凸显"的目的。一是根据风险辨识结果，采用挂牌、标识、隔离、划线等手段设置安全标识，做到现场管理要求直观、清晰、明确，有效提示风险，提升员工安全意识，规范员工安全操作。二是明确员工劳保着装标准，规范外来人员进站管理要求。三是直观展示现场设备设施运行状态和站场区域布置，实现基层现场的标识标牌齐全醒目。

以设备设施标准化为关键，提升本质安全水平。以保持设备设施标准状态，消除物的不安全状态为目标，明确生产现场、管道线路两个方面的管理标准。一是强化站场设备设施标准化管理，对照国标、行标、企标及集团公司制度、公司体系文件要求，建立站场设备设施现场管理、巡检、维护三类标准，标准内容覆盖设备设施本体、状态、功能、维护等"运、检、维"各环节。二是深化管道线路标准化管理，为进一步规范管道管理基础工作和关键任务，提升管道管理标准化管理水平，开展管道巡护、高后果区管理及相关工程管理标准化建设工作。建立高后果区的基础信息、宣传走访、现场布防、应急联动等执行标准，形成了高后果区基础管理、风险管控和现场布防三个方面的管控标准。实现生产现场符合标准规范，设备设施完整、功能完好，消除物的不安全状态，提升本质安全水平。

以基层党建标准化为保障，打造管网铁军。按照集团公司党建标准化建设要求，以基层准军事化管理为抓手，围绕"五铁"开展基层党建标准化建设。立足业务实际，将党建工作与生产实际、岗位达标工作相融合，发挥党建保障

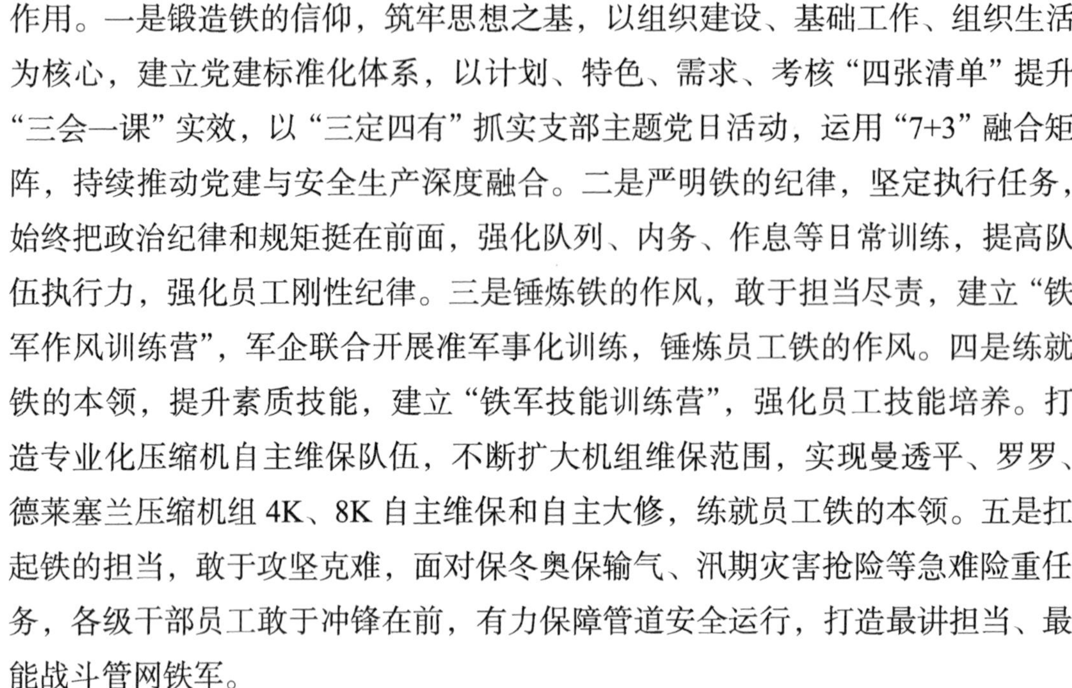

作用。一是锻造铁的信仰，筑牢思想之基，以组织建设、基础工作、组织生活为核心，建立党建标准化体系，以计划、特色、需求、考核“四张清单”提升“三会一课”实效，以“三定四有”抓实支部主题党日活动，运用“7+3”融合矩阵，持续推动党建与安全生产深度融合。二是严明铁的纪律，坚定执行任务，始终把政治纪律和规矩挺在前面，强化队列、内务、作息等日常训练，提高队伍执行力，强化员工刚性纪律。三是锤炼铁的作风，敢于担当尽责，建立“铁军作风训练营”，军企联合开展准军事化训练，锤炼员工铁的作风。四是练就铁的本领，提升素质技能，建立“铁军技能训练营”，强化员工技能培养。打造专业化压缩机自主维保队伍，不断扩大机组维保范围，实现曼透平、罗罗、德莱塞兰压缩机组 4K、8K 自主维保和自主大修，练就员工铁的本领。五是扛起铁的担当，敢于攻坚克难，面对保冬奥保输气、汛期灾害抢险等急难险重任务，各级干部员工敢于冲锋在前，有力保障管道安全运行，打造最讲担当、最能战斗管网铁军。

三、站队标准化建设成效

五年来公司建立每年全覆盖考核验收，每三年提档升级建设标准的工作机制，采取生产管控、科技创新、基础管理、队伍建设等一系列创新举措，不断推进站队标准化建设的深度和广度。公司所辖 30 个作业区共有 17 个作业区达到站队标准化示范站水平，所有作业区均达到站队标准化水平，总体达标率100%。一是员工执行力得到有效提升，规范了基层岗位日常工作，夯实了安全生产管理基础，切实起到了规范员工自觉履行“上标准岗、干标准活”的效果。二是风险管控水平得到有效提升，实现站场功能完整、设备安全可靠、人员行为规范、岗位风险受控的目标，推进作业区向本质安全管理持续迈进。三是员工素质能力得到有效提升，员工依据应知应会查缺补漏，不断补充理论知识和专业技能，通过“培、查、考、验”等方式，安全生产履职能力得到显著提升。

四、站队标准化建设认识体会

站队标准化建设是“三湾改编”成果落地的有效载体，通过站队标准化建设，将“两书一表一清单”等“三湾改编”各项成果进行总结、提炼和固化，形成长效机制，有效推动各项成果在基层落实落地。站队标准化建设是促进管理体系持续高效运行的方式，通过实施站队标准化建设，进一步明确体系执行标准，实现体系要求与基层岗位工作有效衔接，推进体系执行一贯到底，是促进PDCA循环机制有效运行的关键一环。站队标准化建设是提升风险管控水平的重要抓手，通过站队标准化建设，将风险管控措施转化成标准化岗位工作，强化岗位执行，切实提高现场风险管控水平。信息化应用是提高站队标准化执行质量的有效手段，以数字化流程运营为契机，将站队标准化建设典型做法嵌入到流程中，规范员工执行。通过应用信息系统等信息化手段，实现日常工作可执行、可追溯、可考核，大幅度减少人的失误，使基层管理更精细、更准确，工作执行更到位、更高效。

北京管道公司将在集团公司整体工作部署下，完善站队标准化建设长效机制，发挥数字化转型优势，落实制程管理要求，助力站队标准化建设提档升级，为管网集团建成中国特色世界一流能源基础设施运营商作出新的更大的贡献。

积极组织供应链系统建设 推进数字化仓储物流管理

北京管道公司作为国家管网集团 8.6 管理仓储库存 L2 流程组共 9 个流程及子流程的试运行的公司，按照“主干清晰、末端灵活”的原则，将流程角色与各业务活动在各岗位、各单位的执行主体逐一匹配，确保流程可落地、可执行。在确保流程可以执行的前提下，公司物资管理部带着北京管道在开发自有物资仓储管理系统过程及应用中积累的经验组织建设了集团供应链平台中的仓储物流系统，为国家管网供应链系统建设贡献一份力量，用公司建设仓储系统的“小总结”推进集团公司仓储物流系统的“大变革”。

一、建设并不断完善物资仓储管理系统，提高物资管理效率和维度

公司自 2019 年开始建设物资仓储管理系统，该系统基于物联网技术，集现代计算机网络和通信技术、二维码为一体的智能管理系统，它确保仓库管理者以及各级管理部门可以方便、快捷、可靠的掌握物资仓储的准确信息，同时可以与 ERP 系统进行数据集成，补充完善 ERP 系统对物资管理业务的不足，实现物资采办、物流、仓储、调拨数据的有效采集与追踪，满足智慧管网提出智慧物资供应链的要求，实现基于电子标签的物资采购全过程管理，进一步提升物资管理的信息化程度。

系统于 2019 年建设并在廊坊中转库、华北万庄库、石家庄三个库房进行试点上线，2020 年在其余 15 个库房推广，2021 年进行了系统升级。经过三年

的持续建设和改造，物资仓储管理系统主要实现了以下功能。

应用物资仓储条码及电子标签管理，收发货通过手持终端进行，减少人为误差，实现物资过程记录跟踪。物资在生产发运至仓库验收入库过程中，涉及运输、装卸、清点、核对等多个过程，物资可能存在数量短缺、包装破损、资料丢失、错发漏发等各种问题，需要在第一时间形成记录并留存影像资料，作为后续问题处理依据。ERP 仅支持正常入库、出库和冲销，对于可能存在物资因不满足入库条件而不能入库的原因无法记录。通过物资仓储管理系统中条码及电子标签管理功能有效补充上述 ERP 系统无法实现的功能。

除此之外通过为库房货架、物资进行数字化标识，解决系统四号定位的仓库货位管理问题，利用条码制作、读取功能，支持在仓库现场录入，避免货位信息需要人工记录后通过电脑后期录入，从而提高货位调整等业务操作的便利性，同时也减少人为误差。基于电子标签实现物资采购、物流、仓储、调拨数据的有效采集与追踪的全过程管理。

重点物资实现单个独立管理。尚义支线项目中，衡阳华菱供货的管材在系统中实现了单根管理，同一规格型号相同物料编码的管材在系统中按管号单根录入，收货发货可以精细到但跟管材的管理。而且每根管材都贴有唯一的二维码，通过物资仓储管理系统中的条码、标签扫描功能对不同物资进行分级明细管理，对物资细化单个管理，解决管材、阀门单个管理的业务需求，实现重要物资的采购、物流、仓储、调拨数据的有效采集与追踪。

对供应商开放工作平台，实现协同办公。物资单独管理除了依靠库房对单项物料条码标签扫描，还需要供应商对物资信息录入的协同办公。已有华油钢管、巨龙钢管等数十家供应商在登录物资仓储管理系统并操作，操作人员只需要通过浏览器输入系统地址，就可以打开系统进行相关操作。通过供应商权限控制，为供应商开放系统登录权限，实现供应商对送货清单生成及打印、跟踪，生产、发货信息的录入，解决与供应商协同办公问题，满足重要物资全生命周期管理的要求。

物资采购进度跟踪大表。由于物资需求提报人反映希望能实时掌握采购进度，在 2021 年新增了采购进度跟踪功能。通过工单号追踪采购进展，从工单审批状态、到是否生成采购订单，到对应合同编号、交货情况、收发货，结算情况对物资进度实时跟踪。功能上线以来，除了方便使用人员日常查询，也丰富了采购物资数据的统计维度。带着三年公司物资仓储管理系统建设和使用积累的经验，组织开发建设集团供应链系统仓储物流平台，取长补短，打造一个先进的数字化供应链系统。

二、参与集团供应链系统建设，打造数字化仓储物流管理

集团数字供应链平台项目以实现“智能采购电子化、数字物流网络化、全景质控可视化、资源管理协同化”为目标，建设涵盖集招标采购交易与管理、全景质量监控、仓储物流服务、资源管理为一体的供应链管理系统，支持管网集团公司供应链管理规范化、信息化、数字化，为供应商、承包商等第三方企业提供协同服务，构建开放共享的生态圈。公司参与建设的是供应链平台中仓储物流系统，系统具备以下几个重要特点：

业务架构严格依照 8.6 管理仓储库存流程设计，实现 IT 贯穿流程。8.6 管理仓储库存共包含 9 个流程及子流程。其中，8.6.1-P- 管理仓储布局、8.6.2-P- 管理物资储备、8.6.3.5-P- 管理物资保养、8.6.4.1-P- 管理积压物资处置在以前使用的 IT 系统中没有对上述流程进行管理，所有相关活动的业务操作都在线下。8.6.3.1-P- 管理物资入库、8.6.3.2-P- 管理物资出库、8.6.3.3-P- 管理物资盘点、8.6.3.4-P- 管理物资退库、8.6.4.2-P- 管理废旧物资处置流程中部分活动在 IT 系统中进行管理，但多数只是对结果的录入，而非过程的管理。比如 8.6.3.4-P- 管理物资退库，原来只能在 ERP 系统中录入退库物资的数量和金额，而对退库过程没有管理。例如退库申请、依据、审批机构这一系列过程都在线下以纸质单据的方式记录流转，线下管理的缺点是单据流转速度慢，涉及多人审核审批要经纸质单据依次给到审批人，用时长，而且纸质单据存档占用实体空间，保存不当容易丢失。除此之外，仓库管理及作业过程依赖于手工，日常工作量大且易出错，仓库库存容易造成账实不符，无法实现库存的有效利用和共享，造成库存物资居高不下。

仓储物流平台业务架构完全遵循 8.6 管理仓储库存流程，实现 IT 贯穿流程，业务线上化率由从前的 30% 增长到 100%，实现业务流程标准化，业务操作规范化，减少手动记录，提高作业效率和准确率，避免仓库库存账实不符，提高库存利用率，降低在库物资的库存量。还可以实现数据化管理，收集、分析和挖掘数据，提高业务决策的准确性和有效性，是企业数字化转型的必备条件之一。

仓储物流作业标准化和可视化。仓储物流系统实现仓库、库存、库房作业、物流履约可视化管理，准确、及时地管控物资资源的数量、状态和物流进度，盘活库存，与供应商实现仓储及库存资源共享，全流程监控物资发货、在途、质检、入库、出库和盘点等各种状态，实现仓储和物流作业的标准化和可视化。

针对各公司已完成的仓库信息以及库存信息的采集数据进行清洗与整理；基于地图服务，实现仓库、物资、可调剂物资的可视化展示与查询。以北京管道为例，共有库位 26 个，实体库房 18 个，库存物资 4748 项，库存金额 29012 万元。

如图 1 所示，库存物资的物资编码、数量、货位号码、入库时间、库龄、图片等信息也都可以可视化展示，一眼可见物资的信息。

图 1　库存物资信息

除了内部用户操作界面，系统面向内外网用户，从桌面端、移动端多平台，实现了库房管理、储备管理、仓库业务管理、物流管理等功能。

集成集团内外多个系统，实现重要数据集成。各公司都有多个自建 IT 系统，集团的统建系统数量达到 19 个。分散的、独立的系统很多，但系统之间很少集成，形成了多个信息孤岛，很多重要数据并没有实现共享，屏幕查询和交互使用欠缺。为了改变这一现状，仓储物流系统对内、外集成了多个系统。对内集成核心采办平台，对物资需求，采购订单，可供平库物资信息进行集成。对外集成 ERP 系统，出入库物资、库存物资与 ERP 实时同步传输；第三方物流平台，零星配送物资直接在仓储物流平台发货时下单；协同设计平台交付子系统，对验收文件进行信息推送。不仅降低人工重复查找及操作的次数，还可以让数据和资料活起来，提高利用率和效率。

公司参建的供应链平台是第一个完全遵从集团流程设计，实现 IT 贯穿流程的系统，起到了里程碑作用。仓储物流系统实现了可视化管理、数据共享和流通、提高管理效率、减少信息闭塞和重复录入，提高信息的准确性和可靠性。相信随着系统的推广和应用，数字化仓储物流系统的应用价值和行业竞争力将会愈发亮眼，提高员工的工作效率和满意度，助力油气管道行业更好地发展。

优化招标管理模式
助力公司高质量发展

在经济飞速发展，数字化变革的时代，优化招标管理模式是国有企业贯彻落实国家关于采购领域政策法规的必然要求，是规范企业采购行为的重要课题，是企业降低采购成本、优选供应商的有效途径。北京管道公司深入贯彻落实“两个一以贯之”，结合生产经营情况和业务管理实际，在公司招标领导小组的大力领导下，不断加强自身建设，积极探索适合公司的招标管理模式，逐步形成了“招标领导小组决策，业务部门监管，招标中心执行”的招标业务管控模式。2022 年全年完成招标项目 107 项，涉及金额 6.37 亿元，招标节资率 11.3%。电子化招标 100%，招标工作外委率 100%。在集团公司历次招标工作检查中得到专家组的一致好评。

一、创新管理，建立组织结构清晰的招标管理模式

加强组织领导，明确岗位职责。招标采购工作是政策性、程序性很强的工作，只有设计和制定科学完善的程序和流程，才能使招标在规范的基础上进行。公司从完善招标管理制度入手，成立公司招标工作领导小组，作为公司招标管理最高决策机构，公司正、副职领导任小组组长和成员。招标工作领导小组定期听取招标工作领导小组办公室工作汇报，协调解决招标工作中重大疑难问题或纠纷。

在招投标领导小组统一领导部署下，公司按照国家招投标相关法规制定及集团公司相关规章制度制定了《招标管理程序》、《供（承包）方管理程序》及

《物资采购管理规定》等多项管理制度，对招标工作进行规范管理。

划转至集团公司前，公司招标项目分为三类，其中一、二类招标项目经公司招标领导小组审核后报上级主管审批；三类招标项目在 300 万元以下金额的由相关管理部门审核，分管领导审批，300 万元以上金额由招标领导小组审核审批。划转至集团公司以来，招标项目审批逐步优化，招标项目分为两类，一类招标项目由公司相关管理部门及公司分管领导审核后，报集团公司审批；二类招标项目采用招标方式部门领导可审批；可不招标项目经由业务分管领导和招标分管领导共同审批，公司招标领导小组负责审批招标异常情况。通过招标项目审批流程节点的精简，缩短了审批时间，提高了审批效率。

注重管理细节，确保流程合规高效。公司招标工作领导小组办公室是公司招标工作领导小组的办事机构，以往设于公司企管法规部。2022 年公司优化部门职能过程中变更物资管理部为招标工作的业务归口管理部门，综合监督部负责提供法律支持并履行监督管理职责，形成了业务归口管理和专职监督管理的双重管理局面，有力加大了招标工作监管力度。

经过部门管理职能优化后，招标业务归口部门主要负责处理招标日常业务，指导、监督、检查公司招标工作，维护公司评标专家库，协调解决与公司招标工作相关的其他事项。招标管理部门在日常管理中重视细节管理。一是定期组织招标业务培训，加强对招投标法律法规及集团公司和公司相关管理规定的宣贯，提升招标业务管理人员业务能力。二是加强对招标代理机构管理。梳理公司与代理机构职责界面，签订招标代理服务协议，明确双方的职责和义务以及未依法开展招标投标活动的违约责任。强化招标代理机构的考核评价。三是建立长效管控机制，招标采购管理部门协同监督部门通过查阅各单位招标选商相关台账资料、现场检查考核等多种方式加大业务监管力度，防范招标采购领域各类风险。

成立招标中心，强化招标全过程管理。根据集团公司做出的“厚植创新发展动能”“厚植经营创效基础”的重要部署，公司把握机遇，坚决贯彻集团公司党组决策部署，精心绘制“十四五”公司发展蓝图，认真谋划推动高质量发展思路，优化招标实施管理，由公司全资子北京陕京汇园能源技术开发有限公司创新开展招标代理业务，并于 2022 年挂牌成立公司招标中心，为公司提供招标代理服务。

招标中心在公司物资管理部的指导与监督下，依照招投标相关法律法规，负责具体招标项目实施工作。通过成立公司招标中心，有利于解决因外部机构对公司的管理模式及业务特点缺乏深入的了解，在招标实施过程中出现的文件编制不合理、流程操作不规范等方面的问题，同时也有利于招投标项目资料的整理与归档，形成全流程管控模式。目前，招标委托代理工作重心已由外部代理机构逐步向公司招标中心转移。

二、齐抓共管，招标管理工作取得新成效

领导重视，各部门通力配合，招标采购整体流程管控有力。一是建立规范节约的审核审批流程。在结合公司体制改革及简政放权的需要的基础上，公司将原招标和可不招标事项均由线下招标领导小组签字确认的审核审批的繁杂流程进行了优化并搭建了电子化审核审批平台。通过招标申请（招标方案）和招标文件电子化审批，提高招标事项公开透明度的同时提高了审核审批效率。二是大力推行工程建设及服务类计划项目合并选商方式，仅 2022 年减少选商 53 次，压减工作量 63%。物资采购管理方面加强集约化采购管理，统筹考虑各所属单位需求，充分发挥集中采购优势，结合物资需求数量和使用频次，推行备品备件框架协议及地区公司间物资调剂框架协议采购，改变“一单一招、一单一签、一单一结算”的传统采购模式，提前锁定资源，提升与优质企业合作周期，有效提高采购效率，降低采购成本，实现互惠双赢。

招标文件质量有效提高。在深入落实公司“我为群众办实事”活动中，依据招标投标方面的法律法规，编制招标文件标准化使用手册、招标文件法律合规风险防控指南以及第一期 8 个招标文件示范文本，于 2022 年发布执行。通过推进招标项目的标准化、合规化，有效防控法律合规风险，帮助基层单位解决选商过程中招标文件编制不规范、招标质量需提升的问题。日常管理工作中加强对代理机构规范编制招标文件方面的要求，同时加强招标文件在公司内部各审核部门审核审查力度，招标文件规范性得到稳步提升。

开拓创新，招标过程实现全透明。在招标管理部门的指导下，进过一年多的建设与发展，公司招标中心已成功加入招标投标协会，获得 AAA 信用企业资质，取得 QHSE 管理体系认证证书，建立健全招标项目、岗位合规管理制度流程。硬件建设方面，建成并投用标准化电子招标室，评标区域配备门禁、监

控设备，评标过程全程可追溯。构筑了“流程规范、节点闭环、电子存储、可查可溯”的交易数据流程链。招标工作全部实现招标电子化，面对 2022 疫情严重情况下，依托电子招标平台，对于无法到达现场评标标的专家及委托人，实现了远程异地评标方式，招标中心高质量、高效率、依法合规的完成了各项招标评标工作任务。

惩防结合，对围标串标现象防控有力。坚持预防和处罚相结合，坚决遏制围标串标挂靠投标等违规行为。一方面通过科学合理制定项目最高限价或标底，减小围标、串标的风险；通过开标前对投标商进行背景调查、评标中强化评标专家核实投标人股权关系的审核审查职能、评标后对中标结果公示，收集掌握围标串标信息等方式，减少围标串标中标概率。另一方面对不良行为进行严肃处理。目前已对存在违规行为及重大安全风险的 18 家企业，纳入承包商“黑名单”，禁止与其签订合同，进入我方市场，极大净化了公司承包商资源。

加强培训监督，落实“阳光采购”。加强采购队伍自身建设，全面提高工作人员的思想、业务素质，以适应新形势对招标采购工作的要求。一方面每年组织专项业务培训，通过对《招标投标法》《招标投标法实施条例》等法律法规，以及公司相关管理的培训与宣贯，使得招标采购政策法规深入人心，员工对招标采购制度的法律意识及合规意识有效增强。另一方面通过招标采购管理部门协同监督部门定期查阅各单位招标选商相关台账资料、现场检查考核、自查整改等多种方式，建立了长效管控机制。

时代变革催生行业变革，随着招标管理工作在企业管理中的地位也越来越重要。只有通过严格依法管理招标活动，不断创新招标管理理念、优化招标管理业务流程、健全招标组织结构、建立招标管理新模式，才能有助于提高企业招标采购质效，营造“公开、公平、公正”的招标市场环境，为公司实现降本增效和高质量发展助力护航。

持续压减库存物资规模
助力公司降本增效经营战略

国家管网集团北京管道有限公司（以下简称“北京管道”或“公司”）积极贯彻落实集团公司仓储物资降库工作的决策部署，按照公司降本增效的经营战略，坚持问题导向，改进库存管理理念，明确了控增量、去存量的管控原则，建立健全库存管理制度，创新库存管理方式，持续完善降库工作管控措施。近五年来，公司库存物资规模呈逐年下降趋势，整体下降35%，降库效果显著，2022年公司在国家管网集团所属单位中降库率排名中名列前茅。

一、坚持问题导向，改变管理理念，落实降库管理责任

公司从单条管道建设运维起步，成立之初压缩机设备及配件多为进口，采购周期长，为确保北京供气安全，储备了较多的备品备件，随着陕京管线运行规模的日益扩大，生产运行储备和工程剩余物资规模逐年上升，同时伴随着技术标准的逐步提高，造成了部分储备物资调剂利用的难度不断加大。物资的积压带来了一系列的成本问题，例如积压过程中的物资老化，库存资金的占用，需要投入更多的管理费用等问题日益凸显，片面追求生产安全而采取的多多益善的储备方式已经无法满足当前的企业成本管理要求，管理思路亟待调整。公司通过加强降本增效工作的部署和宣贯，有效促进了库存管控意识的提升，调整了保库存就是保安全的管理思路，充分认识到了库存物资利用、处置的迫切性。

制定降库指标，分解落实到位，压实管理责任。按照公司降库工作要求，

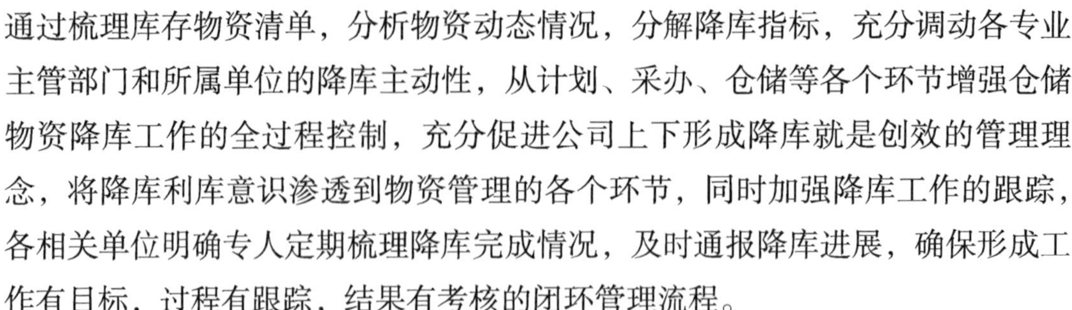
通过梳理库存物资清单，分析物资动态情况，分解降库指标，充分调动各专业主管部门和所属单位的降库主动性，从计划、采办、仓储等各个环节增强仓储物资降库工作的全过程控制，充分促进公司上下形成降库就是创效的管理理念，将降库利库意识渗透到物资管理的各个环节，同时加强降库工作的跟踪，各相关单位明确专人定期梳理降库完成情况，及时通报降库进展，确保形成工作有目标，过程有跟踪，结果有考核的闭环管理流程。

二、扎实推进库存管理体系建设工作，建立健全管理制度，为库存物资管理工作提供制度支撑

完善程序流程建设，坚持目标导向、问题导向、结果导向相结合，建立健全库存管理相关规定，不断查找、填补工作程序空白，提高计划管理、物资利用处置效率。根据公司体系建设持续改进的要求，对照集团公司相关制度标准，结合公司机构调整的相关要求，按照“主体明确、责任清晰、运行高效”的指导思想，持续修订完善了《物资采购管理规定》《备品备件管理规定》《仓储管理规定》《废旧物资管理规定》等规定，明确了组织机构主体责任及配套管理要求，明确管理层级，理顺管理权限，结合实际情况对需求计划提报、仓储管理、物资盘点、利用处置等各环节的业务流程进行优化完善。

三、控增量，严肃计划端总体管控，严控冗余需求，加强看库设计，杜绝重复采购，扩大框架协议采购规模，完善工程剩余物资管控策略

加强平库计划管理，提升需求提报准确性，避免新增闲置物资。在压缩机维保、大修等计划下达后，各分公司盘查现有库存物资，清点可用资源；在需求提报阶段，各分公司严格按照维保计划，结合库存情况，精准提报物料需求；在需求计划审核阶段，始终坚持先平库，后采购的原则，严格落实分公司与总部两级平库审核要求，避免重复采购造成物资闲置。

严格落实“看库设计”要求，优先利用闲置库存。对于新建工程建设项目，在设计阶段结合项目需求、物资现状充分考虑“以高代低”等措施，在源头强化库存资源的平衡利用。通过实践积累，基本确立了看库设计的操作流程：首先对照项目需求梳理库存清单，排查可用物资；其次是整理完善相关库存物资

资料，为物资利用工作提供支持；然后开展专题会研讨利库可行性，充分听取设计和相关部门各方意见，审核确认了阀门利用的技术可行性，确定利库方案；最后委托专业机构进行质量检测，确保质量安全可靠。表 1 为看库设计利库物资明细表。

表 1　看库设计利库物资明细表

序号	库存闲置物资	数量	金额（万元）	利库项目
1	高压气液动球阀 T32 CL600 A105 DN900	1	94	霸州联通工程
2	高压气液动球阀 AHD36BOH00M14-1/2*16W/11234-S-Z WE 600LB A350LF2MOD 36″	1	118	霸州联通工程
3	高压电动球阀 Q967Y-IQ25-BW CL600 A350GR.LF2 36″380V	1	63	霸州调压项目
4	高压电动球阀 T31 600LB A105/A350LF2 28″WE	1	69	霸州调压项目
5	高压气液动球阀 AHD40BOH35M16-1/2*16W/9870-S W*（1）	1	116	雄商高铁项目
6	高压气液动球阀 AHD40BOHTM CL600 A350 LF2 40″*（1）	1	144	雄商高铁项目
	合计		604	

推进框架协议采购，提前梳理年度物资需求，对于拟采购的同类需求，提前签订框架协议。统计分析近年来通用性强，需求相对稳定、消耗规律较为清晰的物资，梳理历年需求和实际消耗情况，集中签订框架协议，从而提高物资采购效率，降低库存储备数量。近几年已完成多项物资的框架协议签订工作，2023 年将持续推进框架协议的签订工作，积极推进热收缩带、收缩套、进口压缩机备件框架协议的签订工作，从而有效缩短采购周期（表 2）。

表 2　2023 年拟签订的框架协议明细表

序号	框架协议名称
1	国家管网集团曼透平压缩机组关键设备备件框架
2	国家管网集团德莱塞兰压缩机组关键设备备件框架
3	国家管网集团西门子压缩机组关键设备备件框架
4	国家管网集团 2022 年热收缩带（套）框架
5	昆仑防冻液框架
6	昆仑润滑油框架
7	火气系统配件框架

续表

序号	框架协议名称
8	管道检测仪表框架
9	仪表管件框架
10	气体检测仪框架
11	蓄电池框架
12	电动可控球阀框架
13	密封润滑脂和注脂工器具框架
14	色谱分析机柜框架
15	维抢修分公司大宗生产耗材框架
16	常州华立润滑油站配件框架
17	保定航技框架
18	美孚润滑油框架
19	耳塞、护目镜等劳保防护用品框架
20	施耐德控制系统配件框架

加强工程剩余物资管理，制定剩余物资管控策略。工程建设过程中由于设计变更等造成的物资剩余通用性较差，长期闲置造成积压。针对工程剩余物资，总结管理经验，拟定了剩余物资管控策略：首先是明确责任，坚持“谁产生、谁负责”的原则，促进项目实施单位从源头把关；其次是在可研阶段提前介入，设计单位根据库存物资研究物资利用、代用方案；在变更管理方面，提高设计质量，加强初步设计专业化审查，杜绝颠覆性变更；加强过程管控，统筹推进设计、施工、采办各方工作进度，平衡好资源利用；最后是强化物资退库审批程序，工程物资退库须经项目部、监理等多方审批，确保退库理由充分，物资完好。

合理组织资源调配，降低项目变更带来的剩余物资风险。根据项目的推进情况，厘清轻重缓急的次序，统筹考虑当前库存资源，及时调整库存物资利用去向，最大限度降低规划变更带来的物资剩余风险。在 2022 年开工建设的小疙瘩阀室上载项目中，工期要求紧张，物资需求迫切，同时拟建的陕京二线 35 号阀室改造项目暂缓开工，工程物资短时间内造成闲置，通过相关部门沟通协作，及时将部分 35 号阀室物资调整到小疙瘩阀室上载项目，有效减少了库存物资。

四、去存量，不断拓宽库存物资调剂利用“出口”，加强积压和报废物资的处置力度

挖掘废旧物资利用价值，积极开展废旧物资利用工作。为有效减少废旧物资，将修旧利废当作一项重要举措，在科研、练兵等活动中充分利用废旧物资，最大限度降低生产经营成本。根据中俄东线安平联络压气站项目的总体规划，安平站原陕京二线、三线区域进行了整体拆除。经相关部门沟通，在科研项目中利用拆除下来的 31 项阀门、管件（约 400 万元）进行相关研究，有效节约了采购成本。

加强库存物资盘查清点等工作，及时发现、处置闲废物资。定期开展全面库存物资盘点清查工作，切实从需求出发，在确保满足生产运行要求的前提下，加强闲置物资的识别力度。对于存货中技术升级淘汰、通用性差、超质保期等长期无动态的库存物资，由所属单位及专业部门明确处置意见，严格按照物资报废程序，经专业机构鉴定及公司存货技术鉴定小组审核后，履行物资报废审批程序，对经批准的报废物资，委托专业机构对报废物资进行资产评估，严格履行对外转让处置程序，从而有效压减库存物资数量，减少库存资金占用。2022 年公司通过开展物资盘点、检测等工作，对 1000 余万元的闲废物资履行了报废审批程序，有效降低了库存物资规模。

拓宽物资处置渠道，积极推进闲置物资外销工作。积极与兄弟单位和社会单位沟通，在突发事件和工程应急采购的关键时刻，共同排查可用物资，盘活闲置库存，满足应急需求。同时积极参与推进集团公司供应链系统建设，不断完善、利用信息系统功能，实现集团公司范围内的库存资源共享。2021 年与西气东输、西部管道公司签订了物资调剂框架协议，提升了物资调剂、结算的效率；2022 年与下游单位沟通，通过外销部分阀门管件，满足了该单位的应急需求，同时减少了闲置物资，实现双赢。

库存管理是一项系统性工作，对于节约企业成本和提高资源利用效能具有重要意义。目前公司控增量、去存量的库存管理理念逐步融入物资管理的各个环节，公司将持续拓展库存利用渠道，优化采购需求管控策略，加快物资周转利用效率，持续优化库存结构，促进库存管控常态化、制度化，从而适应发展新格局，切实助力公司降本增效经营战略。

扎实推进董事会建设和规范运作
持续夯实治理基础　助力公司高质量发展

2016年10月10日，习近平总书记在全国国有企业党的建设工作会议上强调，坚持党对国有企业的领导是重大政治原则，必须一以贯之；建立现代企业制度是国有企业改革的方向，也必须一以贯之。这一重大论断，对新时代国有企业改革发展和党的建设做出重大部署，提出了建设中国特色现代国有企业制度的重大命题，深刻阐明了“两个一以贯之”的重大原则，为国有企业把加强党的领导和完善公司治理统一起来、建设中国特色现代企业制度指明了方向、提供了根本遵循。

当前，世界正经历百年未有之大变局，中华民族伟大复兴进入关键时期。立足新发展阶段、贯彻新发展理念、构建新发展格局、推动高质量发展，国有企业承担着做强做优做大国有资本和国有企业、充分发挥国有经济战略支撑作用、加快建设世界一流企业的重大战略任务，对加强董事会建设、完善中国特色现代企业制度提出了新的更高要求。

北京管道公司党委深刻认识到，深入贯彻落实“两个一以贯之”，关乎国有企业旗帜领航和前进方向，既是重大的时代课题，又是国有企业必须肩负的历史使命。五年来，公司党委坚决贯彻习近平总书记重要指示精神，全面落实中央企业在完善公司治理中加强党的领导的各项要求，聚焦董事会建设和规范运作，采取一系列有力有效措施，全面完成“党建入章”和董事会“应建尽建”，推动党的领导和完善公司治理深入融合，实现党组织发挥作用组织化、制度化、具体化，实现从“有形”向“有效”的根本突破，做到把中国特色现代

企业制度优势转化为公司高质量、可持续发展的强大动力。2022 年，公司荣获国资委国有企业公司治理示范企业称号。

一、深入践行“两个一以贯之”，公司治理体系更加完善

坚持党对国有企业的领导。把党的领导与完善公司治理统一起来，贯穿决策、执行、监督各环节，更好发挥党委把方向、管大局、保落实领导作用，切实把党的领导优势转化为治理效能。完善“双向进入、交叉任职”领导体制，实行党委书记、董事长“一肩挑”，党委班子成员通过法定程序进入董事会。修订公司章程，实现“党建入章”，进一步明确公司党委在公司治理结构中的法定地位，使党的领导作用更加突出。公司重大经营管理事项履行党委前置研究讨论程序，再提请董事会等治理主体决策。

持续完善独具特色的现代国有企业治理体系。公司始终高度重视企业治理，按照《公司法》制定公司章程，并从 1999 年开始建立现代企业制度，2001 年成立了股东会、董事会、监事会。2021 年 4 月 1 日，公司划转至国家管网集团，按照国家管网集团 60%、北京燃气集团 40% 的股权结构，建立了国家管网集团 6 人、北京燃气集团 4 人组成的公司六届董事会及日常工作机构。对标对表国家管网集团新标准、新要求，在总部部门的大力支持和帮助下，以公司章程为核心，以“三会一层”工作规则为抓手，以董事会授权制度为保障，修订完善“三重一大”决策制度，制定公司重大事项权责决策清单，规范公司党委前置研究讨论董事会决策重大事项程序和要求，厘清了各治理主体权责边界，使 60 余项重大决策事项、决策主体、决策程序一目了然，形成了权责法定、权责透明、协调运转、有效制衡的公司治理机制，确保公司治理体系规范化、制度化和科学化。图 1 为公司六届董事会第七次会议。

二、加强董事会建设，推动董事会更好履职行权

突出工作重点。把加强董事会建设作为国企改革三年行动的重点任务，积极落实外部董事占多数等专项改革工作，实现董事会 60% 为外部董事、选举产生了职工董事、制定了 5 项董事会运行配套制度。

图 1　六届董事会第七次会议

完善运行机制。出台重大决策事项合规性审查制度，明确董事会决策前的合规审查程序，为董事会科学合规决策提供保障；编制董事会决策事项跟踪落实清单，定期跟踪决策事项进展情况；发挥董事会秘书桥梁纽带作用，建立健全董事会沟通协商机制，灵活运用现场、书面等多种沟通形式，及时征求董事意见建议，确保董事深度参与公司生产经营改革发展全过程。表 1 为 2022 年董事会决策事项跟踪落实清单。

表 1　2022 年董事会决策事项跟踪落实清单

序号	会议时间	文号	决策事项	责任部门	落实情况
1	3 月 9 日	六届董事会第四次会议	《北京管道公司 2021 年财务预算调整方案》	财务资产部	已完成预算调整，并按调整预算完成 2021 年财务决算
2	3 月 9 日	六届董事会第四次会议	《北京管道公司 2021 年财务决算及 2022 年财务预算》	财务资产部	2022 年实现净利润 41.7 亿元，比预算 35.7 亿元增加 6.0 亿元，财务费用节约 0.8 亿元，增值税返还增加 1.3 亿元
3	3 月 9 日	六届董事会第四次会议	《北京管道公司 2021 年实现利润拟分配方案》	财务资产部	已按方案完成实现利润分配
4	3 月 9 日	六届董事会第四次会议	《北京管道公司 2022 年融资计划》	财务资产部	已按计划执行

续表

序号	会议时间	文号	决策事项	责任部门	落实情况
5	3月9日	六届董事会第四次会议	《北京管道公司2022年重大项目实施建议》	规划计划部	已按建议执行
6	3月9日	六届董事会第四次会议	《北京管道公司2022年经营计划及投资计划》	规划计划部	全年实现天然气管输商品量592.10亿立方米，营业收入105.03亿元，净利润41.72亿元，单位管输现金成本41.78元/千立方米，净资产收益率7.03%，全员劳动生产率646.61万元/人，焊接里程46.6千米
7	3月9日	六届董事会第四次会议	《北京管道公司2022年薪酬分配方案》	人力资源部	已按方案执行
8	3月9日	六届董事会第四次会议	《关于陕西输油气分公司等6个所属单位作为分支机构管理的议案》	人力资源部	已完成陕西输油气分公司、山西输油气分公司、石家庄输油气分公司、内蒙古输油气分公司、维抢修分公司工商登记手续，北京输油气分公司正在办理
9	3月9日	六届董事会第四次会议	《北京管道有限公司2022年审计计划》	综合监督部	2022年共实施审计项目8项，其中完成7项，跨年实施1项，发现现场工程量确认及变更管理等方面问题169个，工程审减373万元，提出审计建议22条、提质增效建议2条、管理建议4条，推动制度制修订11项
10	3月9日	六届董事会第四次会议	《董事会授权管理办法》等10项制度	相关部门	文件已发布
11	10月9日	六届董事会第五次会议	《关于修订公司章程的议案》	董事会办公室	修订完成，报工商变更
12	10月9日	六届董事会第五次会议	《关于〈公司经理层成员选聘管理办法（试行）〉的议案》	人力资源部	文件已发布
13	10月9日	六届董事会第五次会议	《关于任免公司高级管理人员的议案》	人力资源部	已按相关制度办理相关手续

狠抓落实落地。把落实董事会职权作为增强董事会的权威性和整体功能的重要抓手，审议通过《落实公司董事会职权工作实施方案》，发布实施配套制度15项，安排部署具体任务16项，使六大职权真正落地实施。

三、发挥董事会作用，保障公司高质量发展

突出战略引领。董事会聚焦“定战略、做决策、防风险”，坚持系统性谋划和全局性布局，组织发展战略研讨，经充分调研资源市场、统筹谋划、精心布局，研究制定公司《十四五发展规划》，明确保障安全平稳高效运营中心任务、建设行业领先专业化管道公司企业愿景，提升人才队伍、企业文化两大核心竞争力，夯实党建工作、管理创新、技术创新三项保障措施的“1123”发展战略，成为引领公司高质量发展的行动纲领和激励全体员工团结奋斗的共识。坚定把牢战略方向，聚焦主业主责，先后建成投用陕京一线、二线、三线、四线，以及永唐秦、唐山 LNG 外输、大唐煤制气北京段等 14 条支干线，大港、华北 9 座储气库及联络线，形成了五大进京通道、高压环网，多气源保供首都的供气格局，有力保障了首都北京 95% 以上的天然气供应。陕京系统总里程达 5584 千米，单日输气量最高达 2.89 亿立方米，成为“全国一张网”版图的重要组成部分，为更好保障能源安全、服务经济社会发展做出了卓越贡献。

决策保障发展。在董事会的科学决策下，公司将改革发展融入国家油气体制改革之中，精准分析研判新形势、新任务、新要求，调整优化组织结构，以业务驱动为先导，成立市场部等 10 个机构，设立市场团队，积极开拓市场，使市场开拓成为公司新的经济增长点；打造高效精简的服务型、决策型公司本部，推进简政放权，本部部门数量由 16 个压减至 14 个，本部部门定员缩减 26%，二级机关定员缩减 16%，推动区域化管理，将原先 110 多个站队整合成立 30 个作业区，单位用工人数降至 0.23 人 / 千米。与中国石油大学、西安石油管研究院、讯腾科技等签订战略合作协议，推动人才培养、科研攻关共建共享，入选北京市高新技术企业名录。深入推进提质增效专项行动，打出顶层谋效、管理创效、挖潜增效和安全保效组合拳，累计降本增效 15 亿元，年化劳动生产率近 650 万元 / 人；深化科技创新体制机制改革，加大资源投入，推动数字化智能化、掺氢输送、二氧化碳捕捉储运、余热发电等技术创新，余热发电累计 4.16 亿度，创利 1120 万元，减少碳排放 41 万吨，持续加强自主维保和国产化替代，累计节约成本近 3000 万元。这些重大决策，为服务和融入新发展格局创造了有利条件。

严守风险底线。在公司董事会的引领下，公司始终坚持安全生产先于一切、

高于一切、重于一切，持续推进“四个精准提升”，保障安全资金投入，设立安全生产专项资金，持续推进风险隐患排查整治，重点领域安全生产专项整治，严控安全生产风险，未发生一般及以上安全生产、环境污染、生态破坏和网络安全事故。严把经营风险，把总法律顾问制度列入公司章程，专设内控风险合规管理委员会，全面参与重大经营决策，实现公司内控、风险与合规“三位一体”融合统一；将合法合规性审查论证和重大风险评估作为“三重一大”的必经前置程序，确保决策事项依法合规。将风险内控管理与纪检、审计、法律合规、工会民主管理等整合，构建全方位全层级风险管控机制，实现风险管控全方位、全过程、全覆盖。严控对外投资担保，严防经营风险，未造成国有资产流失，未造成重大经营损失。

任重道远、行则将至。北京管道公司将持续优化体制机制，确保董事会履职行权，加快完善中国特色现代企业制度，加快推进公司治理体系和治理能力现代化，为公司持续高质量发展提供坚强保障，为国家管网集团建成中国特色世界一流能源基础设施运营商作出应有贡献！

对标世界一流　发力精准管理
助力企业高质量发展

在党的十九大报告中指出，要深化国有企业改革，发展混合所有制经济，培育具有全球竞争力的世界一流企业。2018—2022 年，正是北京管道公司深入学习贯彻习近平总书记重要指示批示精神和国务院国资委决策部署，全面开展对标世界一流管理提升行动的五年，公司在“1123”发展战略的指引下，补短板强弱项，从建立特色对标管理体系、发力精准管理、调研走访等方面开展工作，重点抓好现代企业治理、区域化改革、市场开发等任务，精准管理高效推进“五大攻坚战”，以数字赋能助推改革创新，以“钉钉子精神”狠抓落实，收获了经得起实践和历史检验的对标成果。

回首过去，北京管道公司自成立伊始便开始对标国际先进，2001 年引入完整性管理理念，搭建涵盖管道设备设施的完整性管理体系；2006 年与加拿大 Embridge 公司进行初步对标；2018 年提出“1123”发展战略，充分结合公司自身小而精的特点，确立建设行业领先的专业化管道公司的企业愿景，从此全面启动对标工作；2018—2020 年，科学选取 SNAM、TC Energy 等国外先进管道公司，华为、国家电网等国内强企，进行深入、详细地对标分析工作；2020—2022 年，结合国资委对标世界一流管理提升行动要求，高质量制定对标世界一流管理提升行动方案及工作清单，并与集团内部兄弟单位进行对标，创建具有北京管道特色的对标管理体系，聚焦价值创造、发力精准管理，坚决把公司建设好、运营好、管理好、发展好，力争实现“2027 年建成行业领先的专业化管道公司”的高质量发展目标。

一、精准分析研判、强化顶层设计，建立特色对标管理体系

北京管道公司深入学习贯彻习近平总书记重要指示精神和国务院国资委决策部署，打造特色对标管理体系。

制定世界一流管理提升对标清单。积极对标 Snam、TC Energy 等国外先进管道公司成果，汲取华为、国家电网等国内强企的最佳实践经验，按照国资委对标世界一流管理提升行动方案及任务清单，围绕战略管理、组织管理等 11 个方面，找准 56 项管理短板，明确 34 项任务和 71 项提升成果，形成对标世界一流管理提升行动工作清单，挂图作战，推动企业经营管理水平全面提升，截至 2022 年底，对标清单完成率为 100%，圆满完成国资委及集团公司考核要求。

建立独具特色的对标体系。北京管道公司特色对标体系由外部和内部两大对标体系组成。外部即将“建设行业领先的专业化管道公司”企业愿景与“高绩效指标 + 精准管理”的对标管理有机结合，构建涵盖规模实力、品牌形象等 5 个维度以及战略管理、绩效管理等 11 大业务领域在内的 24 个国际指标对标体系。内部即跟踪国家管网集团月度战略执行情况报告，结合企业年度关键绩效指标，针对价值创造、提质增效等 5 方面，选定主营业务收入、管输商品量、净利润、净资产收益率等 18 项对标指标，构成集团内部对标体系，每月在经营分析会上分析各指标在集团内部的差距，查找原因、制定措施。两大体系相辅相成，形成推动企业高质量发展的强大动力。图 1 为 24 个国际高绩效指标对标，图 2 为 18 个集团公司内部对标指标。

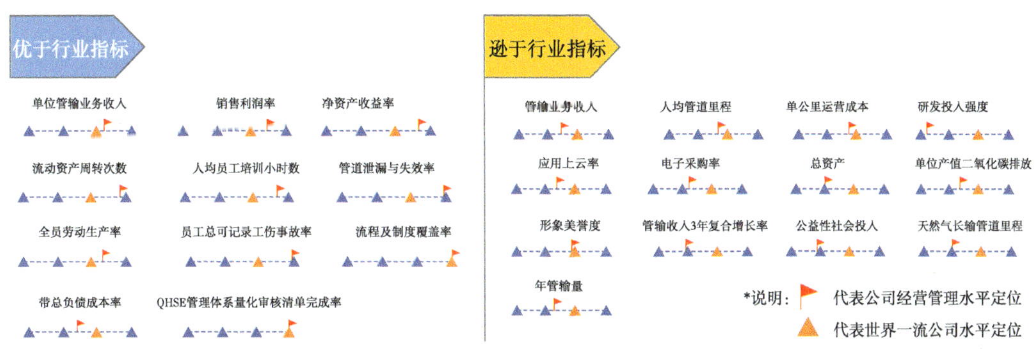

图 1　24 个国际高绩效对标指标

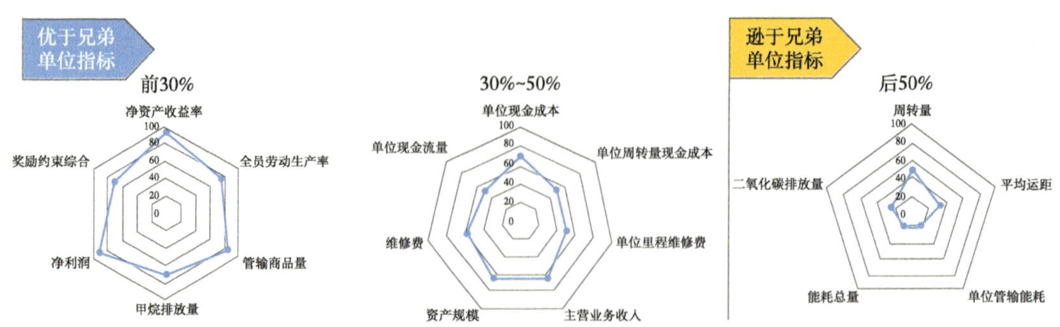

图 2　18 个集团公司内部对标指标

开展走访调研行动。针对兄弟单位、下游城燃企业、国内外世界一流企业开展调研行动，以了解真实情况、把握事物本质和规律、找到解决问题的答案为目标，向内、向外从各个业务领域学习先进管理经验，多渠道了解掌握相关领域规则做法，将调研行动纵向、横向拉伸。同时做好总结提炼、取长补短，以第一视角将调研走访学习到的好的经验做法固化下来，转化成符合北京管道公司发展模式的管理办法，将理论与实践相结合，保证调研成果落地。

提升精准化管理水平。结合特色对标体系推进成果，制定“十四五”管理与运营能力提升蓝图，明确精准化管理提升按照“明晰战略方向、构建体系基础”“改善生产运行、优化经营管理”和“追求创新发展、实现卓越绩效”三个阶段、18 个方面稳步推进，并利用四象限法捋顺了 28 项管理提升关键举措实施顺序。

二、聚焦价值创造、发力精准管理，企业对标成效逐渐彰显

应用对标管理提升工作成果，北京管道公司提炼出可推广的“区域化管理”“三集中”等经验做法，打造出具有管网特色、专业化特征的现代卓越管理体系，“两利四率”处于集团公司直属企业领先水平，获评国资委国有企业公司治理示范企业和集团公司管理提升标杆企业。

完善现代企业治理体系。建立权责对等、职责清晰、依法行权、按权履职的“三会一层”现代企业治理体系，理顺公司党委和股东会、董事会、监事会、经理层等治理主体的关系，促进党建与决策管理有效衔接。发挥“三会一层”决策智库作用，建立了审慎、科学、制衡与效率兼顾的授权机制。公司通过股东会、董事会、党委会、总经理办公会等决策多项重大工程，投资 641 亿元，

产生显著的社会效益和经济效益。

深入推行区域化管理。将 5584 千米管线、118 座站场划分为 30 个作业区，推动由“站管站、线管线”向“区域管理”转变。同时，精准构建“本部决策服务、分公司管理、作业区执行”的三级管控模式，进一步深化简政放权和“大专业、大岗位、大工种”建设，推行表单电子化，精简记录表单 65%，优化业务流程 65%，减少手工记录 1670 余份，单位管道员工数下降至 0.23 人 / 千米。

率先实现“集中监视、集中维护、集中巡检”。完善生产调度中心生产及运行效率监视、设备报警管理、管道安全报警、综合安防、应急指挥“五大”功能建设，实现监视、报警、调度一体化，充分发挥“集中监视”优势，为无人值守站场建设和区域化改革提供技术支撑。有序推进站场无人值守、待机值班、作业区集中维护、集中巡检，提高员工专业素质能力，现场问题、隐患自主识别率、自主维检修率均提高 30%。

健全市场营销管理体系。针对市场开拓的短板弱项，加强与下游同性质行业公司交流对标，制作“一机制、一程序、一手册”，建立高效联动机制。强化区域营销中心市场开拓能力，建立市场营销人员素质模型，开展市场营销人员培训，提升整体专业素质。组建市场开拓协同推进工作专班，“三位一体”协同推进市场开拓、省网融入、工程建设。按照“西部上载、东部下载、中间撮合”的思路，持续加大市场开发工作力度，市场占有率提升 3.3 个百分点，销售利润率高于集团公司平均水平。

以资产完整性管理推动降本增效。全面对标 PAS55/ISO 55000 资产管理国际标准，完成公司资产完整性管理顶层设计，遵循国际资产管理标准要求，精准创建符合公司特色的资产管理体系新思路，实现资产在全生命周期内安全可靠、使用效率、使用寿命和周期成本的综合最优，提升资产利用效率 3 至 5 个百分点，降低维修维护成本 10% 以上，2022 年实际增收提高 8.7%。

坚持科技创新。深化体制机制改革，完善技术体系，推动数字化智能化、掺氢输送、二氧化碳捕捉储运、余压发电等技术创新，公司获得授权专利 62 项，软件著作权登记 38 项，荣获省部级以上科技奖励 39 项。与中国科学院、中国石油大学（北京）、讯腾科技公司等单位签订战略合作协议，推动科研攻关共建共享。2018 年完成国家高新技术企业认定工作，2021 年 9 月成为中关村高新技术企业。

打造知识管理平台。引入知识管理的概念，从公司级层面统一规划，建立系统、科学、规范、完备的知识管理平台，囊括了培训管理、资源共享、数据统计、移动学习四大核心功能，打破空间、时间、专业壁垒，打通需求侧、资源供给侧，实现知识采集、存储、传递、共享，推动培训工作数字化转型。

三、坚持结果导向、固化经验成效，以高标准、严要求完成对标提升行动

北京管道公司将全面梳理规定动作完成情况，深入总结经验做法，持续开展管理评价，不断提炼典型管理案例，推动管理成果实化固化，为对标提升行动完美收官奠定坚实基础。

一是积极利用优秀实践提升管理效能。将对标方式、方法、优秀实践广泛应用于战略规划、经营计划、业绩评价等日常管理工作中，并将企业对标成果红利惠及广大员工，促进企业和员工共成长、同进步。

二是选树标杆典型项目、培育标杆模式。公司获评集团公司 2021 年度标杆企业，《“五位一体”推进站队标准化建设》《大数据助力风险管理》获评集团公司 2022 年度标杆项目，下一步将持续挖掘标杆、形成品牌，积极向国家管网集团推荐，上下共享对标成果，推动管理提升见成效。

三是建立对标管理提升长效机制。持续开展对标调研行动，将对标管理提升与企业战略经营深度融合，建立对标工作常态化管理机制，将对标融入生产经营各方面，加快建设行业领先的专业化管道公司步伐。

管理，要“管”出水平、“理”出成效。作为国家管网集团保障首都供气的骨干企业，我们承担着保障首都和沿线地区能源安全的重大政治责任，为沿线地区大气环境改善提供了有力支撑。随着国家管网事业新征程的开启，公司保安全、保冬供、保首都等主责主业更加明晰，“保障首都、辐射南北”作用更加凸显。面对市场化要求以及管输定价机制、供气格局、量效变化等革命性变革，公司唯有将改革作为持久内生动力，着力消除短板、解决突出问题，通过“建标、对标、达标、创标”，把精准管理映射到对标工作中，才能不断提升管理效率效益，为保障国家能源安全作出贡献。

持续提升服务质量 深入推进简政放权

按照“公司决策、分公司管理、作业区执行”的管理要求，三年以来公司各部门主动作为，积极提升服务质量，落实简政放权工作部署，加强部门效能建设，从管理制度建设、责任界面划分等方面做了大量卓有成效的工作，指导协助基层单位提升业务能力，做到下放业务风险有效管控、依法合规进行，工作效率、质量大幅提升，助力公司安全生产、高效运营。

一、简政放权工作举措及管理成效

为解决公司经营管理中流程繁琐和职责权限不匹配的问题，公司大力推进简政放权，以“权限下放适度、管控措施配套、部门服务到位”为目标，体系管理部门牵头重新梳理各体系建设依据、文件构成、核心要素、业务流程，对管理体系进行全面融合，统一体系运行、审核机制。实施简政放权后，公司各部门梳理相关业务，总计下放专业管理、综合管理 2 大类 8 种业务 102 项；整改完善在下放调研中发现的 81 项各类问题，确保下放工作顺利推进；精简审批环节 57 个、审批时间缩短 2/3；归纳出体系文件执行、制度流程改进、监督检查、培训指导四方面 32 项问题，进行持续优化。公司从匹配权责，解决层级管理矛盾；优化流程，梳理界面不明问题；量化审核，严控业务风险；推进标准，完善作业指导书；简化表单，实行分级管理等 5 方面进行规范管理，进一步优化提升管理效能。

生产、综合管理部门每年组织基层单位业务人员参加培训，持续提升基层员工能力；组织各单位进行交流，树立典型，推广先进经验，统一工作标准；

基层单位的责权利更加匹配，主观能动性得到进一步发挥，把钱用在刀刃上特别凸显，安全隐患得到控制，站队标准化水平明显提升。公司持续安全平稳运营，进一步推动公司高质量发展。

二、业务部门监管措施

（一）体系制度管理部门：优化业务流程，加强体系建设

程序文件由 121 项精简为 68 项，精简率 43.8%；作业文件由 460 项精简为 116 项，精简率 74.8%；记录表单由 1053 项精简为 367 项，精简率 65.1%。文件消冗减负效果显著，减轻了基层负担，管理流程上下贯通、一贯到底。在大幅精简体系冗余、全面优化业务流程和制度结构、增强公司风险防控能力、减轻基层负担等方面，取得了明显实效。

在近三年实践过程中，收集基层单位意见建议 4000 余条，采纳 1025 条，使得体系文件更加务实，积极推动了简政放权在基层的实施；对于未采纳的意见均与基层单位充分沟通、统一思想，监督员工严格执行体系文件。图 1 为基础管理体系文件及各类表单精简情况。

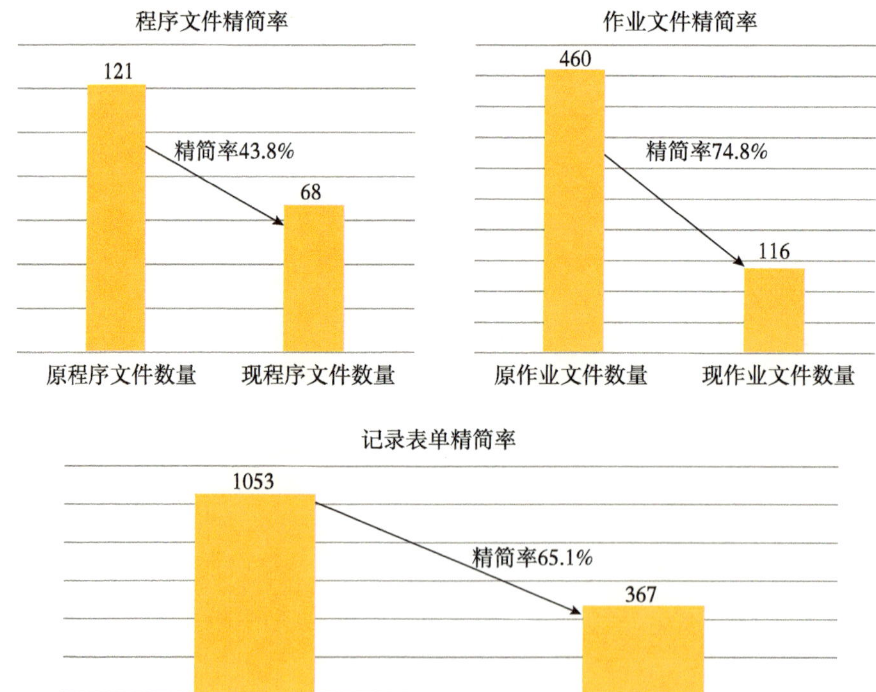

图 1　基础管理体系文件及各类表单精简情况

以“风险防控”和“效率提升”为目标，突出各单位属地管理的责权对等。如物资管理部在《物资采购管理规定》中明确了各单位相关科室物资管理的职责；管道部在《管道防汛管理规定》中明确了各单位和各作业区职责；人力资源部在《目标指标管理程序》和《全员绩效考核管理规定》中统一机关和所属单位两级目标分解执行、绩效考核的工作机制和各单位的考核标准流程；各部门在体系文件中增加了“监督、检查、考核与追责”章节，部分文件明确了考核标准（考核指标、工作要求、检查内容、评分标准、检查方法等），保证体系文件的有效执行和权力下放后的有效监督。

（二）生产管理部门：注重过程管理，明确考核机制

简政放权后，生产管理部门本着“简政”不减指导，“放权”不放管理的原则，以多种形式加强对基层单位的专业指导服务。生产部不定期对各单位、作业区进行了全面的巡回走访，对现场设备设施维护情况进行抽查；对于重要枢纽站场及压气站的ESD测试、功能测试采取会“一不两直”直插现场监督检查测试情况。

管道部每年一月份组织各单位召开春季水工方案审查会，总体把控水工方案；组织春季水工设计交底，全面把控风险，确保关键项目顺利开展；每年开展春季水工过程、春季水工结果、汛期水工过程、汛期水工结果四次水工飞检，确保施工过程和结果达到要求；制定详细的考核指标，按月度和季度进行考核，确保闭环管理。

（三）计划财务管理部门：优化计划流程，加强费用管控

规划计划部结合“本部决策和服务、分公司管理、作业区执行”管控要求，遵循以问题为导向，责权利相统一的原则，建立了计划管理部门、单位、作业区三级管理机制；各单位积极探索区域化管理模式，转变基层管理思维，主动思考对站场/作业区、计划项目等的管理方式，并在业务部门指导下，明晰管理界面、细化权责分工、修编完善文件。图2、图3分别为石家庄分公司和内蒙古分公司特色做法。

基层单位职责有效落实、效率进一步提升。项目立项审批时间由10天缩短为7天，预结算报送由14天缩短为3~5天，促进管理简洁高效。

财务资产部通过完善制度，建立维修项目台账，加强维修项目管控，2018—2022年常规维修年均费用3.15亿元，在资产、管道里程逐年增加的情况下严控成本，没有明显上浮。图4为2018—2022年维修费用及组成情况。

维修计划管控机制

计划项目立项申报审批流程——石家庄分公司

简政放权后基层管理思维转变较快，各分公司都在积极探索区域化管理模式，简政放权后基层管理思维转变较快，各分公司都在积极探索区域化管理模式，主动思考对站场/作业区、计划项目等的管理界面、职责分工、管理方式的改变，主动加强经营计划科的职责落实，主动修编完善文件规定以规范各类业务合规运行。

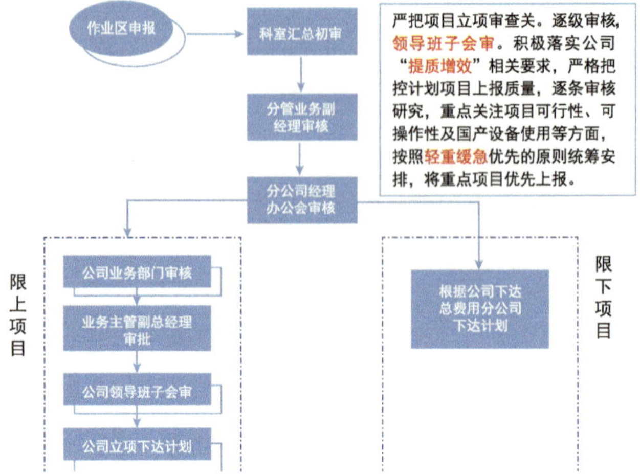

图 2　石家庄分公司逐级审核流程

维修计划管控机制

抓住细节严格立项工作——内蒙古分公司

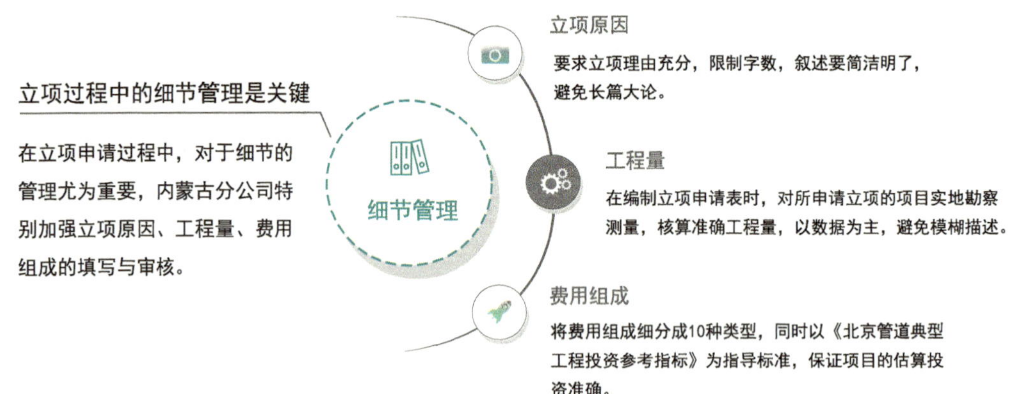

图 3　内蒙古分公司聚焦关键节点，狠抓细节管理

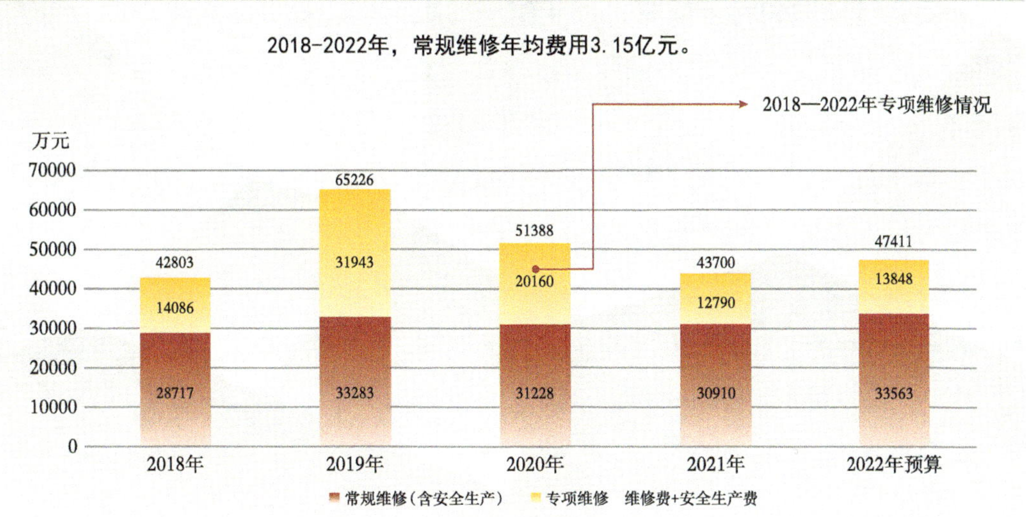

图 4　2018—2022 年维修费用及组成情况

（四）选商合同管理部门：主动担当作为，持续解决问题

简政放权初期，由选商合同管理部门牵头，协助基层单位新成立的经营计划科梳理责任界面、细化体系文件，建立 EAM 基层合同审批等流程。简政放权过程中，不断细化完善、建立各基层单位选商管理等制度；进一步理顺本部及各科室责任界面；持续推进招标电子化审批流程；加强人员培训及日常工作交流指导；针对在基层单位走访调研及公司各项审核发现的关于招采方面问题，及时修订体系文件，健全业务标准、规范，持续优化业务管控机制。目前，招采管理相关制度、责任界面、审批流程日趋成熟，通过发布招标文件标准化文本、建立招标项目合规报告制度等，强化业务审查把关，招采管理能力显著提高，能够满足公司生产运营需要。在集团公司进行的招采领域专项检查中，划转后实施的数百个项目仅发现9个问题，在集团各兄弟单位中名列前茅。

近年来，招采方面不断采取措施，规范招标采购领域制度及管理要求，强化培训，加强管控，使得公司招采管理更加完善、更加合规。

在合同管理方面，公司合同管理部门在简政放权启动前，广泛征求各业务部门及基层单位意见，细化《合同管理程序》中基层单位的职责，制定基层单位合同审批流程，编制配适基层单位的谈判纪要审批表，编制《基层单位合同管理考核标准》；简政放权实施过程中，采取调研、专项检查等方式，了解基层实际情况，帮助基层单位细化制度和流程；建立微信工作群，在日常工作中及时解决具体问题和答疑解惑；每年组织专项培训，提升基层人员的业务素质和能力。近年来，不断优化完善《合同管理程序》《基层单位合同管理考核标准》，促使基层单位的合同管理逐年提升。

科学下放权力，做到“谁签定、谁负责”。本着小步快走、权责对等、与实际能力相匹配的原则，基层单位签订的合同 19 年起逐年上升，2019、2020、2021 年占公司签订合同 60%、66%、82%。放权不放管，合同使用示范文本率、法律合规审核率一直保持在 100%，三年签订 4674 份合同，金额 45.16 亿元，未发生一起因合同引发的纠纷。图 5 为 2019—2021 年基层单位合同数量及金额占比。

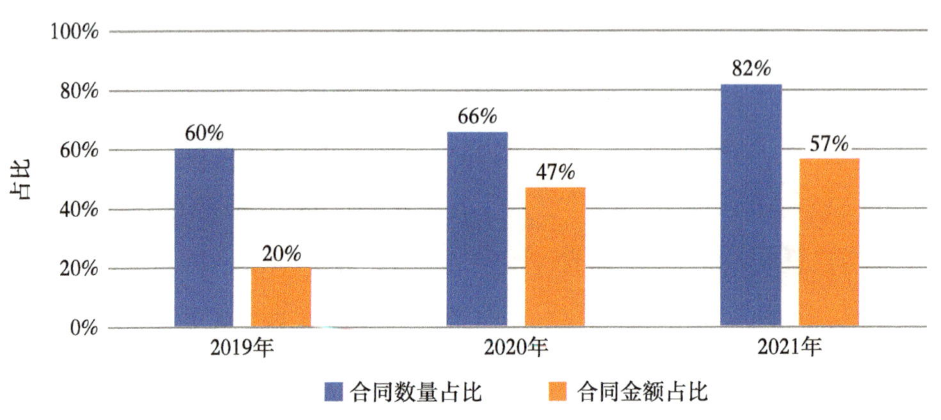

图 5　2019—2021 年基层单位合同数量及金额占比

简政放权以来，公司各部门以“权限下放适度、管控措施配套、部门服务到位”为目标，全面优化业务流程和制度结构，注重过程管理，明确考核机制，主动担当作为，持续解决问题，在增强公司风险防控能力、减轻基层负担等方面，取得了明显实效。

通过三年多的持续改进，公司建立健全制度流程、规范标准，持续指导监督，做到下放业务风险有效管控、依法合规进行，工作效率、质量大幅提升。2022 年公司内控评价测试全领域共发现问题仅 20 项，均为一般性问题，现已全面整改完毕。简政放权成效明显，下放权限有效管控，效益效率明显提升，助推公司高质量发展。

精益管理促发展　提质增效创效益

2018—2022年是公司高质量发展的五年，持续以“1123”发展战略为引领，以价值创造和风险防控为主线，服务业务发展、支持战略决策，积极推进提质增效专项行动和“严肃财经纪律、依法合规经营”综合治理专项行动，经营管理水平稳步提升，效益指标逐年提升，取得了辉煌的成就。

一、五年效益指标完成情况

表 1　五年效益指标完成情况　单位：亿立方米、亿元

项目	2018 年	2019 年	2020 年	2021 年	2022 年
管输商品量	493.98	518.50	493.29	542.71	592.10
主营业务收入	94.31	100.32	89.46	95.19	105.03
利润总额	47.38	54.55	40.80	40.75	56.95
净利润	35.17	40.82	30.33	34.07	41.72

从表 1 可以看出，除 2020 年受疫情影响，各项指标有所下降外，2021—2022 年公司发扬斗争精神，增强进取意识，各项指标均处于上升阶段，2022 年主营业务收入重新突破百亿元大关，净利润再次实现两位数增长，“五率”指标同比均实现正增长。

二、财务精益管理提升管理水平

（一）预算管理

公司不断优化预算管控机制，持续完善“管理主体、预算、核算、考核”

四统一的预算管理模式，实现主体、责任、执行、考评的有机结合，进一步提升公司精益管理水平。一是全面优化滚动预算运行机制，做实月度预算滚动管控，以月保季，以季保年，保证全年任务指标的实现。二是建立管输商品量、收入、净利润模型，实施日跟踪、双周例会通报机制。做好月度经营分析工作，掌握预算执行情况。三是狠抓预算执行，结合开展周、月预算执行情况分析，找准找实偏差原因，提出具体改进措施，监督落实改进情况，持续提升预算管理的精细化和准确性，每年均全面完成业绩考核指标。

（二）资金管理

持续加强资金管理，提升资金使用效益。一是加强资金计划管理，统筹资金安排，规范资金运行，合理控制资金规模，努力提升资金使用效率和效益。二是积极争取管网集团绿色低利率贷款，努力降低融资成本，节约公司财务费用，为公司各项业务发展提供资金保障。贷款利率逐年下降，五年间累计节约财务费用 4.9 亿元，融资成本大幅降低。

规范往来账款管理，夯实会计基础。持续监督跟踪往来款项，按照先易后难、实事求是的原则对所有往来账款进行全面清理，重点清理挂账账龄长、金额大、挂账原因不清的往来。通过电话、发函等形式核实债权债务，积极核对清理，确保往来款项的准确性。

三、持续提质增效助力公司降成本

（一）压气站电量容改需

目前，公司共有压缩机 49 台，其中：电驱压缩机 39 台，占总台数的 79.6%；燃驱压缩机 10 台，占总台数的 20.4%。电费支出占公司管输现金成本的 50% 以上，因此电费的节约对降本增效起到了至关重要的作用。

基本电费有两种计费方式，即按变压器容量或按最大需量，每月缴纳。如果按照变压器容量收费，则每月缴纳基本电费为站内所有变压器的总容量乘以容量单价；如果按照最大需量收费，则每月缴纳基本电费为最大需量乘以需量单价。最大需量为电力用户预估的每月最大负荷需求量，以用户电表所计月内 15 分钟持续最大负荷为最大需量的考核点。对于电驱站场，一般都是双回路供电，而且设计每台变压器的 80% 的容量都可以带动全站所有负荷。显然，如果停一台变压器，则基本电费减半。然而这样供电的可靠性也下降一半，给生产安全带来隐患，同时《供电营业规则》规定，只允许在2年内办理最长时间为6个月的变压器暂停手续，不太具备可操作性。因此，合理选择最大需量，成为我们降低基本电费的最佳手段。而《供电营业规则》规定最大需量不得低于全站变压器总容量的40%，每月电表记录的最大需量在大于105%的设定值时，超出部分按照双倍收取。我们可以先对变压器容量和最大需量单价进行核算，算出变压器容量与最大需量选择的最佳平衡点。假如变压器容量为S，变压器容量的单价为F_s元/kV·A，最大需量为P，变压器最大需量单价为F_p元/千瓦，则其最佳平衡点公式为$S\times F_s=(P\div 1.05)\times F_p$，可以得出最佳平衡点为$P/S=F_s\times 1.05/F_p$，一般来说最大需量的单价约为变压器容量的1.5倍（有些地区在1.5倍以下），即$F_p/F_s=1.5$，则最佳平衡点为$P/S=70\%$。也就是如果说，如果站场负荷与变压器容量的占比在70%以上，用变压器容量方式缴纳基本电费比较合适，而在70%以下，按照最大需量缴纳电费比较合适。如果地方的最大需量电费于容量电费单价的比值小于1.5，则最佳平衡点就会超过70%。目前我们大多数站场，其负荷都远低于70%，所以，选择基本电费比较合适。目前陕京线所有站场的负荷都低于70%。

那如何选择最佳的最大需量呢，一般的站场，如果负荷小于变压器总容量的40%，则可以直接将最大需量设为变压器容量的40%。显然，对于一般的电驱站，将最大需量选择为40%，则完全能够满足负荷要求，同时还能够在基本电费上打六折（40%×1.5=60%）。以兴县压气站站为例，该站的变压器为2×50000=100000kV·A，机组每台额定功率为17500千瓦，最多开启两台机组，即正常负荷在35000kW以下。变压器容量单价为24元/（kV·A·月），最大需量电价为36元/（kV·A·月）。如果采用变压器容量收费，则每月要交基本电费100000×24=240万元，如果采用最大需量方式收费，则每月要交基本电费为100000×40%×36=144万元，每月可节省基本电费96万元。对于某些合建站场，设备的负荷可能高于变压器容量的40%，这时候应该根据预估月内发生的最大负荷来确定最大需量。以山西处压气站为例，其变压器总容量为150000kV·A，其夏季最大负荷约为65000千瓦，冬季最大负荷约为70000千瓦。我们就可以设定夏季的最大需量为65000千瓦，冬季的最大需量为70000千瓦。对于某些地区，其采用最新的最大需量政策，可以直接依据电表的计算最大需量来计费，避免因最大需量设定不合适造成电费的浪费。目前公司沿线电驱压缩机已经全部改为最大需量计费，平均每年节省基本电费约 4000 万元，累计节约电费 13566 万元。

（二）截断阀截断安全隐患

RMG711 截断阀作为站场关键设备，因其性能稳定、操作简单，广泛应用于西气东输、陕京线等长输管线站场。但正是其重要性，按照北京天然气管道公司体系文件要求，每年需对截断阀进行测试，以保证设备工作正常。鉴于上述情况，截断阀的截断值的设定、测试是否准确就尤为重要。在以往截断值的设定、测试过程中为了不影响正常供气，都是在线测试（即需关闭被测试支路出口球阀，打开调压阀下游的放空阀门，在气体流通的情况下进行设定、测试），通过观察调压后压力表进行截断值调整。由于压力表精度问题、放空管线管径小、流通量小等问题容易产生压力波动，使截断值的设定产生误差，造成截断值的设定不准确。

近年来，荷兰生产的默克威尔德截断阀在输气站场应用日渐增多，其截断值测试是通过压力整定箱（图 1）和该截断阀控制箱的压力开关（图 2）连接，来对截断阀的截断值进行设定、测试，不需要在线测试，该方法简便、安全。

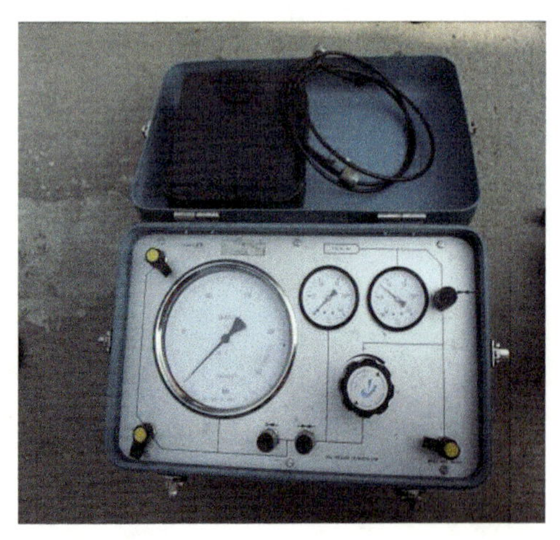

图 1　压力整定箱

图 2　默克威尔德截断阀控制箱

将默克威尔德截断阀的截断值设定、测试所用的压力整定箱应用在 RMG711 截断阀上，通过对 RMG711 截断阀指挥器结构研究分析还是可行的，只是需要制作一个能够将压力整定箱和 RMG711 截断阀指挥器（图 3）连接的工具即可。在以往站场改造、设备更新后都会淘汰部分零部件无法处理，一直

闲置，既造成浪费又占用空间，未发挥到最大利用价值。针对这种情况，技术人员利用部分淘汰零部件（1 个压力表两阀组、1 根 30cm 的引压管、1 个转换接头），自己组装、改造了一套用于连接压力整定箱和 RMG711 截断阀进行截断值设定、测试的工具（图 4）。在测试前将 RMG711 截断阀指挥器连接下游的引压管根部阀关闭，缓慢拆卸与指挥器连接的卡套，将压力整定箱和组装改造的工具连接即可进行截断值的设定、测试。利用该套工具进行操作简单易学、操作安全、不会对环境造成污染、避免了天然气的浪费，经实践测试效果良好，目前已在北京处各站场推广应用（图 5）。

图 3　RMG711 截断阀指挥器

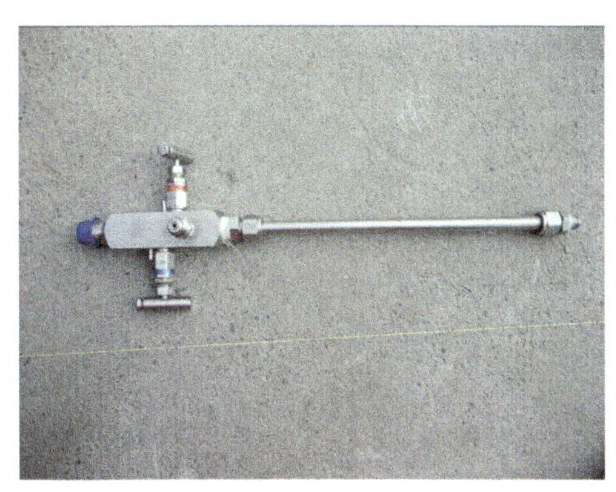

图 4　组装改造的工具

图 5　站场截断值测试

经过此次改造，对淘汰零部件进行组装改造再利用，变废为宝，避免了浪费。以往 RMG 截断阀截断值的设定、测试至少需要 2 个或 2 个以上的人员配合在线测试，至少需要 5 分钟才能完成。经过改造后只需要 1 个人在 2 分钟内即可完成，既省时又省力。节能降耗、避免环境污染和资源浪费，截断值设定、测试准确。

公司将持续以党的二十大精神为指引，按照“聚焦客户、集中调控、区域运维、统一建设、专业支撑、资源共享、数智赋能”总体要求，踔厉奋发、勇毅前行，开拓进取、创新实干，始终保持自我革命的斗争精神，全力跑赢大势，严控成本费用，落实管控责任，确保实现公司高质量发展。

创新经济评价模型　提升投资决策支撑

作为贯彻落实"四个革命、一个合作"能源安全新战略的重大举措，国家管网集团的成立主要负责全国油气干线管道、部分储气调峰设施的投资建设，干线管道互联互通，并与社会管道联通，形成"全国一张网"，负责原油、成品油、天然气的管道输送，并统一负责全国油气干线管网运行调度，定期向社会公开剩余管输和储存能力，实现基础设施向所有符合条件的用户公平开放。为做好能源安全新战略的践行者，落实碳达峰碳中和目标，实现国家确定的重大战略部署，2025 年全国油气管网规模达到 21 万千米左右的目标，大力开展管道投资建设是重中之重。

通过科学合理的经济评价方法与经济评价工具对管道工程建设项目进行经济效益测算与评价是项目实施管理的重要内容，科学的管道项目评价不仅关乎项目建设质量，也对加快项目实施进度和防范项目风险因素起着关键作用，构建天然气管道项目经济评价模型，加强管道项目周期评价，夯实管道工程投资建设与成本控制，对支撑投资决策、提升投资效率具有极其重要的意义。而国家管网集团组建之初，没有适配管道建设的专业经济评价方法、参数及工具，无法满足集团公司各项业务发展及投资决策的需要，无法发挥对"全国一张网"的战略支撑作用。

2021 年 2 月，国家管网集团发布平台化任务，要求开展建设项目经济评价及计价依据编制项目。公司积极响应，主动作为，承担了集团公司这一项平台化任务。财务资产部牵头，组建专项工作小组，与集团财务部紧密配合，与中投集团、中海油、国家电网等公司开展深入交流，搭建天然气管道建设项目经济评价模型，强化经济评价对投资建设项目的管控作用。并深入开展经济评价系统搭建的研究，通过规范和统一经济评价内容、深度、标准，打通财务关键数据与业务关键数据间链接，进一步提升财务管理的价值引领能力，投资管控能力和风险防控能力，在战略判断、价值判断和时机判断等重要投资决策节点上发挥重要作用。

一、攻坚克难，“双新”支撑投资决策

新方法：有无对比法。“有无对比法”原在国民经济评价的多个领域中得到广泛应用，以“有项目”状态下的相关数据与“无项目”状态下的数据相减，得到增量数据。以增量数据序列反映项目投资为整个天然气管输系统带来的经济效益，并进行有关财务指标的分析和计算，据此做出投资决策。

国家管网集团成立以后，大力推进天然气管道支干线、跨省主干线间互联互通项目建设，“全国一张网”的体系快速形成，每一个新增下载点、新增的联通线都将改变管输系统的资源配置、调配方案，常用的“方案比选法”和“前后对比法”等单体项目评价方法无法应对单一项目建成引起的系统变化。公司将“有无对比法”这一新方法引入经济评价模型，即通过计算经济评价期内新建管道项目（有项目）和不新建管道项目（无项目）两种情况下的效益及费用，并由两者差值计算得到增量数据，进行增量现金流分析，最终利用财务内部收益率、资本金内部收益率、投资回收期等财务指标判断项目经济效益水平（图 1）。

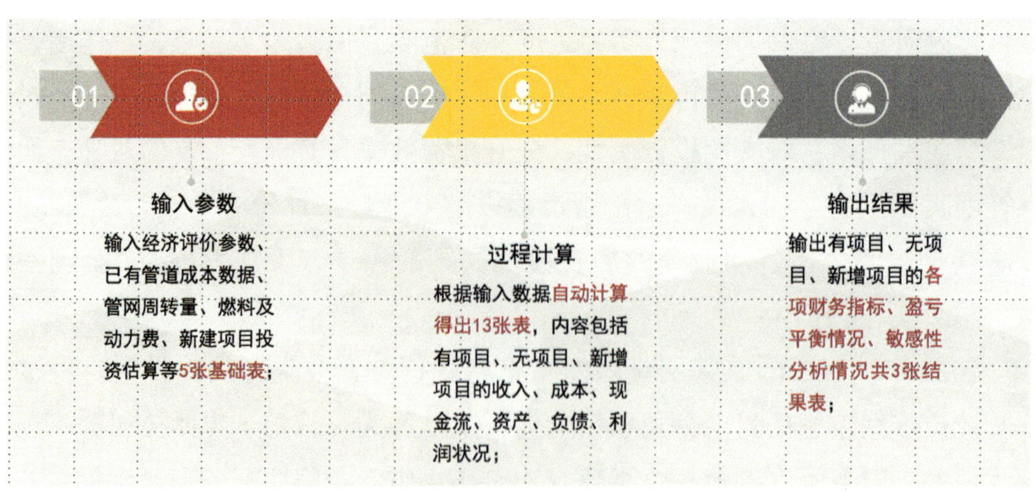

图 1　模型技术路径

新政策：一区一价。《“十四五”规划和2035年远景目标纲要》提出，天然气行业在“全国一张网”的改革前提下，天然气价格逐步实现从价格管制向管道运输定价转变；2021年6月，《天然气管道运输价格管理办法（暂行）》正式发布，“一企一率”正式变更为“一区一率”，全国天然气跨省管输统一使用四个运价率，促进管网互联互通、高效集输。

这一新政策要求新建设项目立足各价区的大范围，充分考虑对区域价格产生的影响的情况下，做出有利于区域经济效益的合理经济评价，进一步提高了对经济评价方法与工具的要求，但同时也提升了经济评价对公司乃至集团投资决策的支撑能力，有利于集团公司统筹协调各所属企业之间的规划与资源投入。

公司牵头搭建的天然气管道建设项目经济评价模型首次将“一区一率”纳入经济评价，建立适用于四个价区的经济评价模型并构建了简易的跨价区项目评价模型，率先响应新政策号召，测算新项目对陕京系统、对价区以及对集团天然气版块的影响情况，测试基于新政策制订的各项经济评价参数，强化了经济评价对投资决策的支撑作用（图2）。

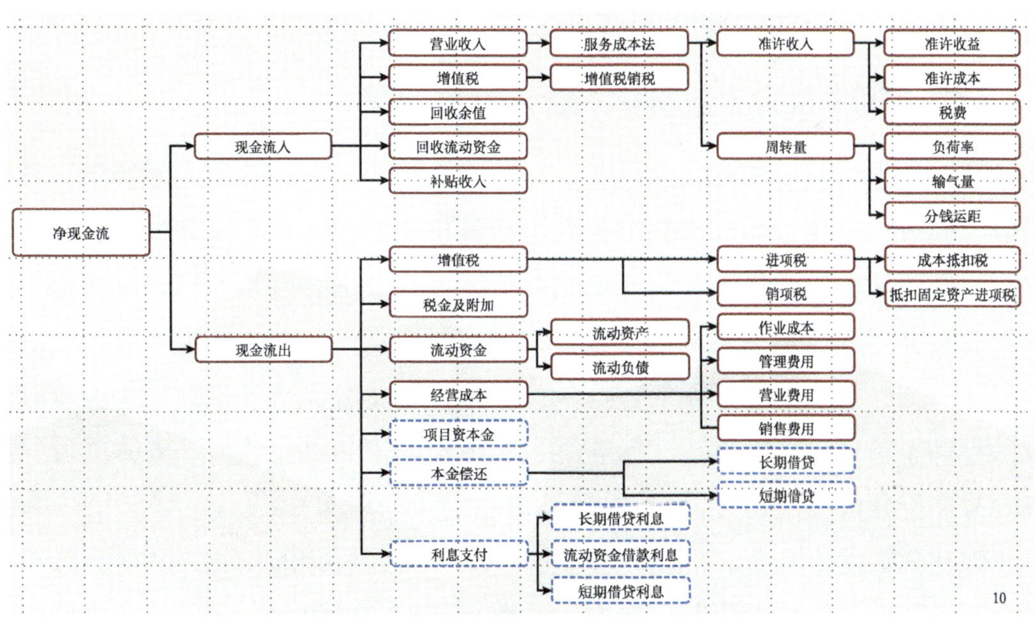

图2　模型数据要素

二、动静结合，“动态思维”优化投资决策

建设项目数据库，夯实数据支撑。单一项目的评价过程是静态的，但是天

然气管道项目建设过程是动态的。在诸多建设项目陆续建设并投产的过程中，合理的更新并划分经济评价“有项目”情形与“无项目”情形的测算范围会对评价结果与投资决策产生较大的影响。为了能够统筹考虑区域内相关建设项目对拟评价项目的经济性影响，公司财务资产部积极响应集团公司财务部下达的平台化项目，筹建天然气建设项目数据库，拟通过字段设置、数据标签实现建设项目在拟建、在建及建成投产三个状态下的及时、动态转换，实现“无项目”情形基础数据的自动获取，夯实经济评价的数据支撑。

保障安全生产，优化投资组合。作为国家能源安全的重要一环，大量以保障安全生产为主要目标的非经济项目的建设势在必行，但作为自负盈亏的企业，仍需要使企业各项经营与经济指标的满足既定目标，因此需要在经济性项目与非经济性项目间寻求平衡点。公司以集团天然气版块十四五规划为基础，通过投资组合动态测算，在合理范围内调控项目开工时间、投产时间、投资速度等变量，综合考虑非经济性项目增加有效资产、减缓运价率下降幅度的优势与无法直接为企业带来经济效益的劣势，合理决策经济性项目与非经济性项目的投资组合，满足安全生产的需要。

三、前瞻布局，“数字化”智化投资决策

统一数据结构，搭建数字化基础。一区一价、动态测算的大环境下，数据库内各项数据的统一能够大幅度提升经济评价的有效性及经济评价效率。经济评价涉及的数据均为集团公司和所属企业的内部数据，且均为结构化数据。统一相关数据间的逻辑关系、整体数据结构这一需求，已纳入经济评价系统的建设范围，结合数字化部开展的数据治理工作，将奠定经济评价数字化的良好基础，有助于搭建“方法统一、标准统一、逻辑内嵌、结果直观”单体项目的投资效益评价分析系统。

强化风险分析，防御非系统风险。原有的经济评价工作中仅有敏感性分析、盈亏平衡分析两种风险分析方法，存在一定的局限性。在公司牵头搭建的天然气管道建设项目经济评价模型中引入了蒙特卡洛模型，结合概率、统计等知识体系，初步具备基于概率方法和情景分析进行项目风险测算的功能。

经过对标国际标准，在经济评价系统搭建过程中，计划进一步向基于概率的非确定性决策分析和经济评价方法转变，强化投资项目量化风险分析功能，

为公司有效规避风险提供决策支撑。

四、推广应用，不断完善

我们搭建的天然气管道新建项目经济评价模型在2022年当年完成各管道企业的试用，试用企业四家：西气东输、北方管道、西部管道、西南管道，试用项目类型包括新建天然气管道干线或支线项目、新增上下载点项目、联络线项目，收集问题47项，其中计算逻辑28项（理解偏差10项、参数待确定8项，公式问题10项），适用性13项（参数待确定3项，呈现方式问题10项），使用说明完善建议4项、其他2项。我们针对问题进行公式、数据链接问题的勘误，并完成已确定参数的内嵌、使用说明的完善等工作。

任重道远、行则将至。管理要求日益精益化，北京管道公司将应管理需求，持续深入研究挖掘经济评价效率提升、效用提升的方法、工具，确保为投资决策提供可靠、智能、精准的职称，为公司持续高质量发展提供坚强保障，为国家管网集团建成中国特色世界一流能源基础设施运营商作出应有贡献！

实行“两个一”管理　促进治理效能提升

公司坚持以习近平新时代中国特色社会主义思想为指导，突出问题导向、目标导向、结果导向，全面落实“两个一以贯之”，结合生产经营情况和业务管理实际，实行制度体系“两个一”管理，进一步提升管理水平，持续把制度优势转化为治理效能。

一、建成“一套体系”，实现业务全面覆盖融合

北京管道公司从陕京一线起步，逐步建成覆盖服务京津冀及周边省区市的陕京输气管网系统，为美丽中国建设输送绿色清洁能源，累计输送商品天然气5500亿立方米、创造利税1100亿元，为保障能源安全和促进能源结构优化、服务社会民生和“蓝天工程”做出了贡献。

北京管道公司在各个发展阶段，根据内外部运行环境、上级管控和自身管理需要，先后建立起规章制度、QHSE、完整性管理、能源、计量、内控和法律风险防控等六大管理体系，在不同阶段均发挥了积极的作用。但随着内外部发展变化和各体系建设的深化，各体系自成一体、自我进化的同时，不可避免的带来了管理的重叠、交叉，对基层发出了不同的要求，造成管理效率低下和混乱现象。为解决“文件种类多”“归口部门多”“风险防控弱”“审核检查多”等问题，北京管道公司以安全生产为核心，以QHSE体系为基础，以业务活动为导向，融合能源、计量、内控、管道完整性管理、法律风险防控、规章制度等体系以及其他管理要求，建成一体化的基础管理体系，如图1所示，形成了由1本管理手册、1套程序文件和1套作业文件组成的一套基础管理体系文件，用于支撑和保障高质量运营管理。

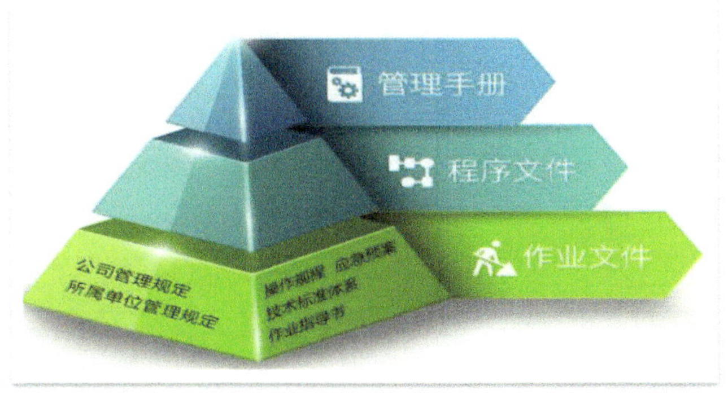

图 1　北京管道公司“一套体系”架构图

管理手册是公司纲领性管理文件，位于体系架构第一层级，明确了公司战略、方针、目标、组织与职责、主要业务的管理框架和原则的文件、风险管理、监督与检查、体系评审与改进等基本内容。程序文件是管理手册的明细化，是以公司层面主要管理业务的运转过程为视野，按照逻辑顺序，描述各管理业务内容、方法、途径的文件，位于体系架构的第二层。作业文件是明确生产管理要求、突发事件应急等内容的技术操作类文件。作业文件包括公司级作业文件、所属单位级作业文件、企业标准、操作规程、应急预案等。按文件类型统计，如图 2“一套体系”文件类型构成图所示，公司“一套体系”包括 1 本管理手册、67 项体系文件、876 项作业文件。其中作业文件包含 45 项管理办法、127 项公司管理规定、245 项作业区指导书、299 项操作规程、153 项应急预案、7 项标准化管理手册。按业务分类，全部程序文件、作业文件包括综合管理类体系文件 122 项、党的建设类 35 项、安全生产类 83 项，基层作业文件 704 项。

公司坚持系统思维，扎实推进“一套体系”建设。在顶层设计方面，公司党委加强顶层设计，大力推进简政放权，按“权限下放适度、管控措施配套，本部服务到位”的目标，梳理各体系建设依据、文件构成、核心要素、业务流程，全面融合管理体系，统一体系运行、审核机制，明晰了职责界面，减少管理节点。在业务架构方面，立足战略发展、业务运行、资源配置、支持与监督，全面梳理公司生产经营各项业务，逐层理清各项业务的内容、范围、流程、职责权限，逐级描述业务能力，重构业务能力框架。在体系要素方面，重点分析各体系共性、重复交叉、相互差异部分，按照“合并同类要素、保留差异要素”原则，将现行管理体系的全部要素重新对照，并与业务能力框架进行融合，形成一体化管理手册。在运行机制方面，建立统一管理机构、统一文件管理、统一审核监督、统一运行考核、统一管理评审的“五统一”体系运行机制，进一步明确职责，实现权责匹配，促进责任落实，提升管理水平。图 3 为“一套体系”业务分布图。

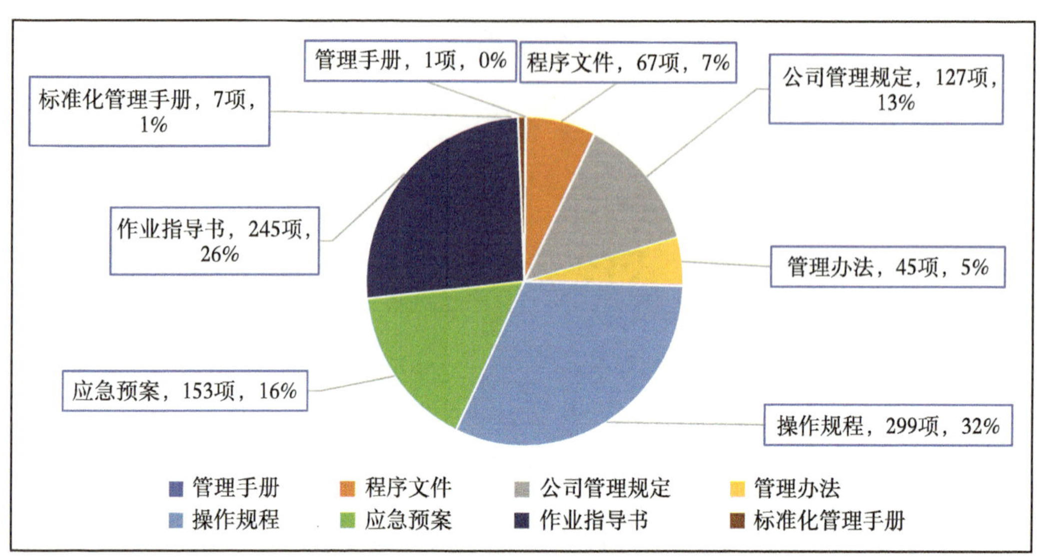

图 2 “一套体系”文件类型构成图

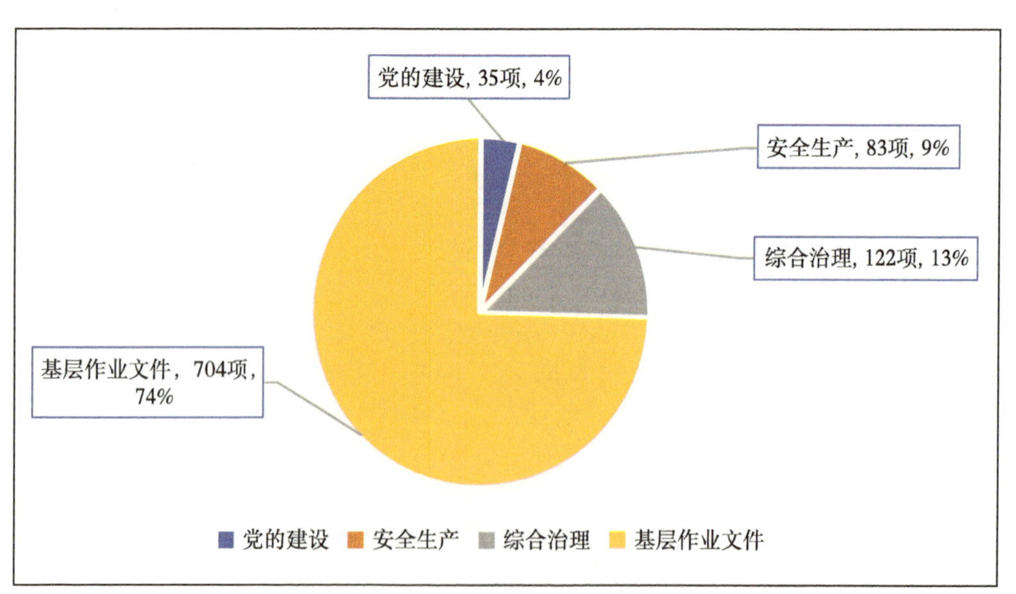

图 3 “一套体系”业务分布图

二、开发“一个平台”，实现制度体系管理高效便捷

在“一套体系”建设初期，体系文件主要采用传统的纸质文件和OA系统起草、审核、发布、实施，既不能有效解决多种体系文件并存交叉重复的问题，也存在检索阅读查询困难；体系文件在制修订过程中不仅繁杂，容易导致较高的印刷成本和纸张浪费，而且文件信息安全难以控制，特别是对文件的学习及执行情况难以及时准确掌握。公司坚持问题导向，目标导向，创新运用信息化手段开发了基础体系文件信息管理平台，即“一个平台”。该平台具备全文检索、多维度查询、多渠道意见反馈、制修订与废止、统计分析、个性化收藏等功能，既解决了制约公司管理和信息安全等问题，也实现了对体系文件的高效管理、应用。

“一个平台”有力促进了“一套体系”的建设、执行、升级、进化，主要体现在以下几个方面：

全员共享学习资源，平台对公司所有员工完全开放，每名员工均可通过授权，登陆平台查阅学习公司各个业务和专业的体系文件，对于与基层工作有不适合的条款，还可以在意见建议区提出意见，供制度制定部门借鉴参考，从平台运行以来，共收到1639条实质性意见建议，共采纳823条，为制度的持续改进提供保障。

持续提高培训效果，公司员工管理平台通过学习培训，并设置专项激励政策，鼓励员工在工作中逐步养成“学体系要求”“遵体系执行”“找体系不足”“提改进建议”的良好习惯。促进了基础管理体系中各项要求落到实处，提升了基层员工与基础管理体系之间的结合度。

不断提高体系文件质量，公司体系文件管理部门通过参考员工提出的意见建议，同时对照上级要求的变化、公司战略的调整、内外部环境的变化、管理本身的要求，及时对体系文件内容进行优化调整，使得“一套体系，一个平台”实现了持续改进，提升了文件质量和执行力，为公司战略落地、服务安全生产提供保障，并提高制度体系执行的规范化、科学化水平。

三、“一套体系，一个平台”持续提升公司管理效能

公司通过“一套体系，一个平台”持续进化，有力促进了业务流程全面优

化、精简，有力保障了科学决策，增强了公司风险防控能力，有力保障了公司“简政放权”和区域化管理，真正达到了为基层减负，为公司管理提效的目的。

管理链条得到简化。按照“强化事前审批、事后监督”，简化“中间环节”和“风险可控”的原则，突出基层单位属地管理的责权对等，通过系统推进简政放权、“一套体系、一个平台”建设和区域化管理、标准化建设，实现了把该放的权力放到位、把该管的业务管得住，管理流程缩短，管理节点精简，责权利相统一，实现公司经营管理简洁高效。以“计划立项－物资采购—选商－合同－变更－结算”审批流程为例，审批节点由 86 个优化精简为 29 个，精简率 66.28%，合同平均审批时间由 14 天缩短至 3 天。

业务流程得以优化，运行一套体系文件，统一了体系运行和审核机制，记录表单由 1053 项精简为 367 项，精简率超过 65%，文件消冗减负效果显著，管理流程上下连通、一贯到底。

风险防控能力增强，编制完成《国家管网集团北京管道有限公司内部控制管理手册（北京管道分册）》，将 455 个内控风险、339 个关键控制点融入体系文件中，确保风险有效控制。

管理效益逐步显现，通过体系融合，简化记录表单，实现“管理制度化”“制度流程化”“流程表单化”“表单规范化”，明显提高了工作效率，管理效益逐步显现。公司的安全生产基础持续巩固，圆满完成冬季保供、冬奥保供和全国“两会”期间供气保障重大政治任务；公司治理水平有了明显提高，单位用工人数由 0.33/ 千米下降至 0.23/ 千米，2022 年劳动生产率达到 651 万元 / 人，为公司的高质量发展提供了支撑和保障作用。

公司基础管理体系建设以服务公司高质量发展为主线，对标集团公司流程运行要求，靶向发力、精准施策，取得了实质性成果；公司员工以“1123”发展战略为指引，逐渐养成了以基础管理体系为“基本法”的良好习惯；基础管理体系在促进公司本质安全、提升管控效率和依法合规管理等方面作用明显，是企业高质量发展的根基、有序运行的依据、高效执行的保障。

以党内监督为主导 推动多种监督贯通协同深化自查整改工作机制探索

五年来，北京管道公司纪委以构建“大监督”体系为牵引，不断推进以党内监督为主导推动多种监督贯通协同机制，综合监督效能不断提升。

一是不断完善与各级党组织和业务部门沟通协调机制，横向融合开展监督。将推进党委主体责任和纪委监督责任协同落实作为始终遵循。每年初公司纪委协助党委研究部署公司全面从严治党重点工作，组织召开年度党风廉政建设和反腐败工作会议，及时将集团公司纪检监察组主要领导在各类会议上和在公司基层单位驻站跟班时的讲话精神传达至公司党委和班子成员学习，强化党委落实主体责任意识。

二是完善与下级纪检机构指导工作机制，上下联动开展监督。在指导所属单位纪委强化监督检查、对问题线索初步核实能力方面持续用力。每年组织所属单位纪委书记、党总支纪检委员述职评议。抽调基层纪检干部和部门骨干参与问题线索初步核实和专项监督检查工作。纪检干部对信访举报归口管理意识增强，在开展问题线索初步核实能力方面有所提升。

三是完善与各监督主体深度融合机制，贯通协同开展监督。组织全体纪检干部对纪检监察组主要领导在大监督体系建设推进会上的讲话内容跟进学习研讨，以构建公司“大监督”体系为指引，完善公司党风廉政建设和反腐败工作协调小组会议机制。积极参与公司安全生产事故事件分析研判，在执纪过程中充分协调职能部门发挥作用，提供有力业务保障。

特别是在2022年初以来，公司纪委对照集团公司前两轮巡视通报共性问题，以深化落实公司《关于进一步落实〈深化中央巡视“四个落实”指导意见〉实施方案的通知》部署和要求为牵引，督促党委自年初开始部署全面自查整改工作，结合公司“大监督体系”构建任务，探索以党内监督为主导，推动多种监督贯通协同，深化自查整改工作机制，制定开展自查整改工作“十项措施”，以业务问题的整改助推业务线条管控机制的整体优化。2023 年集团党组巡视后，公司纪委继续牵头各监督职能部门进一步完善自查问题指引，不断完善“十项措施”，建立“自查督查—分析研判—核查处置”问题闭环管理模式，坚持“两条腿走路”双向用力，通过约谈、督导，督促各业务条线举一反三自查问题。组织相关部门对排查发现的典型问题逐个分析研判，聚焦“推动改革、促进发展”的巡视方针督促全面整改落实。“十项措施”机制如下：

一、加强自查整改工作的组织领导（3 项）

（1）成立公司自查整改工作领导小组。组长由公司党委书记亲自挂帅，副组长由公司党委副书记、纪委书记担任，成员为其他领导班子成员。领导小组办公室设在公司办公室（党委办公室），负责汇总各业务部门上报问题查找及整改的进展情况，同公司党风廉政建设和反腐败协调小组其他成员部门共同梳理研判重点情况和典型问题向领导小组汇报。领导小组召集相关责任部门研究对重大问题的整改举措。

（2）成立公司综合检查指导组。组长由纪委书记担任，副组长由纪委委员及巡视巡察专员担任，部门一般包括党委办公室、党委组织部、党委宣传部、纪委办公室、质量安全健康环保部、财务资产部、综合监督部。公司纪委办公室牵头组织精干力量加强检查指导，重在发现问题、推动各个单位抓实自查整改工作。与办公室（党委办公室）密切配合，及时掌握公司自查发现的重点情况、典型问题及整改情况，有针对性对基层单位开展综合检查，及时通报典型问题推动举一反三联动整改。

（3）各单位成立自查整改工作领导小组。各单位明确工作领导小组成员及工作机制，负责本单位自查整改工作。通过层层发动、严密组织有效传导自查整改压力，重点压实各业务线条自查整改责任，指导各业务部门与公司相关责任部门建立问题上报、联动整改机制，对各业务线条上报问题和整改落实情况把关，与公司业务监督形成自查整改推动合力。

二、建立贯通协同自查检查机制（3项）

（1）各单位党委（总支）领导开展全面自查整改工作。各单位党委（总支）切实履行全面从严治党主体责任，按照中央巡视“四个落实”的部署要求，以贯彻落实集团《深化中央巡视“四个落实”的指导意见（试行）》和巡视反馈问题清单为基础，全面对照集团党组巡视反馈共性问题，以及国家审计署专项审计、严肃财经纪律专项检查和集团党建责任制考核检查发现的各类问题，以上级视角和更强的主动性、更严标准，领导本单位各业务线条深入查找问题，及时整改各方面存在的短板弱项。

（2）业务部门发挥第一道防线作用。公司各业务部门认真落实国资委加强专业化系统化法治化监管的部署要求，强化管业务必须“抓监管、负首责”的意识，加强业务管理和监督检查，把业务部门业务监督、职能监督第一道防线筑牢，推动关口前移、防微杜渐。在发现查找问题上，按照“相关即可管”的原则，对与本业务线条直接关联的问题做到应查尽查，确保各级党组织能够全面掌握问题情况。在问题整改上，要强化各部门的协同配合，按照业务监督要求，督促完成全业务线条内的问题整改。

（3）公司综合检查指导组组织开展综合检查。公司纪委重在发挥“监督的再监督”作用，纪委办公室制定综合检查方案，抽调各成员部门骨干力量、协调部分外部力量加强成立综合检查组，结合对集团公司区域巡察中心开展对企业所属单位政治巡察的前期准备工作，定期到部分二级单位开展综合检查，围绕“四个落实”内容要求查找发现具体问题，向公司党委作专题汇报。公司纪委办公室汇总综合检查发现的典型问题报党风廉政建设和反腐败工作协调小组研判决策，通过下发纪检监督建议书、党内问责等方式向有关部门和单位传导整改压力。

三、建立定期通报反馈机制（2项）

（1）建立公司各单位、各业务部门自查整改情况报告机制。集中自查整改任务阶段，结合公司安全生产经营例会，各单位、各业务部门每2周就自查整改工作推进落实情况向公司党委作专题汇报，形成的自查问题及整改情况清单报公司办公室（党委办公室），公司办公室（党委办公室）建立问题整改台账，认真梳理汇总重点情况、典型问题及需协调解决的问题报公司党风廉政建设和反腐败工作协调小组会议进一步研判决策。

（2）建立问题通报联动整改工作机制。公司党风廉政建设和反腐败工作协调小组定期召开专题会议，听取办公室（党委办公室）、纪委办公室及其他成员部门汇报上一阶段监督检查发现的主要问题及整改情况，研究制定推进措施，综合分析公司全面自查整改工作形势，向公司自查整改工作领导小组报告综合监督发现的重点问题、整改情况和工作推进建议，研究对重大问题的整改举措。由公司纪委办公室牵头，组织对公司综合检查发现的，各单位、各业务部门自查发现的重点情况、典型问题进行定期梳理通报，推动举一反三联动整改，以改促建全面提升公司治理水平。

四、建立工作推进落实奖惩机制（2 项）

（1）加强过程管控强化正向激励。公司自查整改工作领导小组、党风廉政建设和反腐败工作协调小组综合评价各单位、各部门自查整改工作推进情况，对工作推进快、落实效果好的单位和个人，给予肯定表扬。各级党组织要加强正向激励引导，对在自查整改工作中主动发现、主动反映、主动暴露问题的单位和责任人，以整改纠偏为主要处理意见，减轻思想包袱，确保集中精力提升整改质效。

（2）以结果为导向严格追责问责。各单位、各业务部门“一把手”为自查整改工作第一责任人，各级纪检机构主要负责人履行好监督、协助职责，确保全面完成自查整改任务，确保本单位、本业务线条无突出问题。对在集团公司级以上组织的监督检查发现指出、但业务部门和所在单位自查未发现或者发现了但整改不彻底的突出问题，公司将严肃追究相关单位、部门“一把手”的领导责任和纪检机构负责人的监督责任，给予组织处理和绩效处罚。

实践证明，公司纪委在实践中制定完善的自查整改工作“十项措施”，对推进公司各单位、各条线自查整改工作成效明显，可作为公司党风廉政建设和反腐败工作重要部署中的阶段性任务常态化开展，定期通过有力举措进行刀刃向内刮骨疗毒，助推公司政治生态持续向好。

国产压缩机组智能控制提升研究

为进一步推动输气干线压气站少人、无人值守，提高控制安全性以及现场工作效率，2022—2023 年，以托克托作业区为依托，探索开展了国产压缩机组智能控制，可使用神经网络搭建一种功率与转速“在线智能学习系统”，给出单站多机组最优调控建议，该系统具有高度的可移植性，可配套其他压气站，帮助这些压气站大幅提高压缩机组智能控制水平，满足管网集中智能调控的需求。

一、应用人工智能，探索国产压缩机组智能控制

我国于 2015 年发布由百余院士专家着手制定的《中国制造 2025》战略文件，旨在通过产业的转型升级和创新发展提升我国的制造业水平。显然，“中国制造 2025”，其核心是智能制造。

智能制造的发展无疑对机械设备的控制水平提出了更高的要求，而传统的监测和控制技术由于灵活度不高和适应性不强等缺点已无力满足工业智能化甚至无人化发展的趋势。

目前国内外仍有许多企业的压缩机调控以人为调控为主，但人为主观调控难以适应大的负荷变化和工况变化，更顾及不到机组总体最佳的节能运行，大型离心压缩机作为多影响因素和强非线性的复杂系统，其性能的准确预测难以实现。

人工智能技术正在不断地发展，从而为离心压缩机的性能预测提供了有利的技术支持，利用神经网络对其进行性能预测，可以减少人力和物力，且神经

网络法具有自学习功能和非线性特征，可以减小实际压缩机和模型工作性能之间的偏差。

结合托克托作业区现场测试与数据集验证，神经网络预测算法可以较为准确的预测不同工况下的压缩机运行喘振边界、阻塞边界，压缩机转速、功率，预测准确率为90%以上，对于压缩机的启停机组数量预测具有重要参考意义。

随着国家管网的成立，长输油气管道控制权将进一步集中，全国天然气将进行统一调运，调运难度进一步增加，为此，实施“智能管道、智慧管网”势在必行。

经第三方科技成果鉴定单位组织专家对在线智能学习系统进行科技成果鉴定，专家组认为，该成果整体达到国内领先水平，在压缩机性能参数预测、转速和功率控制等方面达到国际先进水平，评价证书如图1所示。

证书号编号 202221ZK7044

科学技术成果评价证书

中科评字【2022】第7044号

成果名称：管线压缩机智能控制系统

完成单位：国家管网集团北京管道有限公司
沈阳鼓风机集团股份有限公司
沈阳鼓风机集团自动控制系统工程有限公司
大连理工大学

主要完成人：王　亮、陈晓明、刘　磊、魏　琦、王志勇、张　勇
于政日、田　盛、宋昕烨、刘　焱、王　艳、张希东
王如烨、苗鑫国、高　言、李　晨

成果水平：整体国内领先、部分国际先进

发证日期：2022年10月26日

评价机构：中科合创（北京）科技成果评价中心

（盖章）

签发人：

www.kjcgpj.cn
全国科技成果评价服务平台监制

图1　科学技术成果评价证书

二、搭建神经网络，建立智能预测模型

使用神经网络搭建一种功率与转速“在线智能学习系统”，用机组出厂性能数据、压缩机模拟软件数据、现场运行历史数据对该系统进行验证与训练，实现了对单机组的压缩机性能参数进行在线预测，规划算法与神经网络算法结合实现了对单站多机组的负荷分配与机组最优调控，总体结构如图 2 所示。

一是开展数据集划分。采集不同月份的不同数据作为数据集，并将其划分为训练集和测试集。数据整理后还需要对数据集进行划分，首先将数据集划分为训练集和测试集。在模型的构建过程中需要检验模型的配置、训练程度是过拟合还是欠拟合，将训练数据再划分为两部分：一部分是用于训练的训练集，另一部分是进行检验的验证集。训练集用于训练得到神经网络模型，然后用验证集验证模型的有效性，挑选获得最佳效果的模型。模型“通过”验证集之后，使用测试集测试模型的最终效果，评估模型的准确率以及误差等。

二是实现数据处理。针对压缩机预期性能曲线数据，采用归一化的方法对数据进行预处理，本项目采用 sklearn 对数据进行归一化，数据映射为 0~1 之间。原始数据按照不同的年月日汇总，在进行数据处理之前需要将数据进行收集整理成合适的维度与格式，以便于神经网络的输入、传输。从压缩机预期性能曲线数据提取有用的数据进行整理，将复杂、多样的信息收集成简单、易于处理的数据，为神经网络的训练提供数据基础。将进出口压力、进出口温度、转速、流量、喘振边界、阻塞边界等进行整理，汇总数据分为输入数据和输出数据。其中输入数据和输出数据在维度上相对应，在数据表中每行的工况数据对应相应输出数据，分别作为输入、输出数据传入神经网络。

三是搭建网络模型。使用 Sklearn、Pytorch 等机器学习相关模块对网络结构进行搭建，配置虚拟环境，使用 Anaconda 管理运行环境。引入环境变量与实现神经网络的第三方工具模块，对数据进行整理，将数据类型转换在 Pytorch 环境中转换为可以分析运算的类型。根据神经网络类型，制定数据的输入、输出接口，初步搭建神经网络模型。预测模型是具有多层的前向网络。输入层由信号源节点组成，信号源节点输入数据包括压缩机的出入口压力、出入口温度

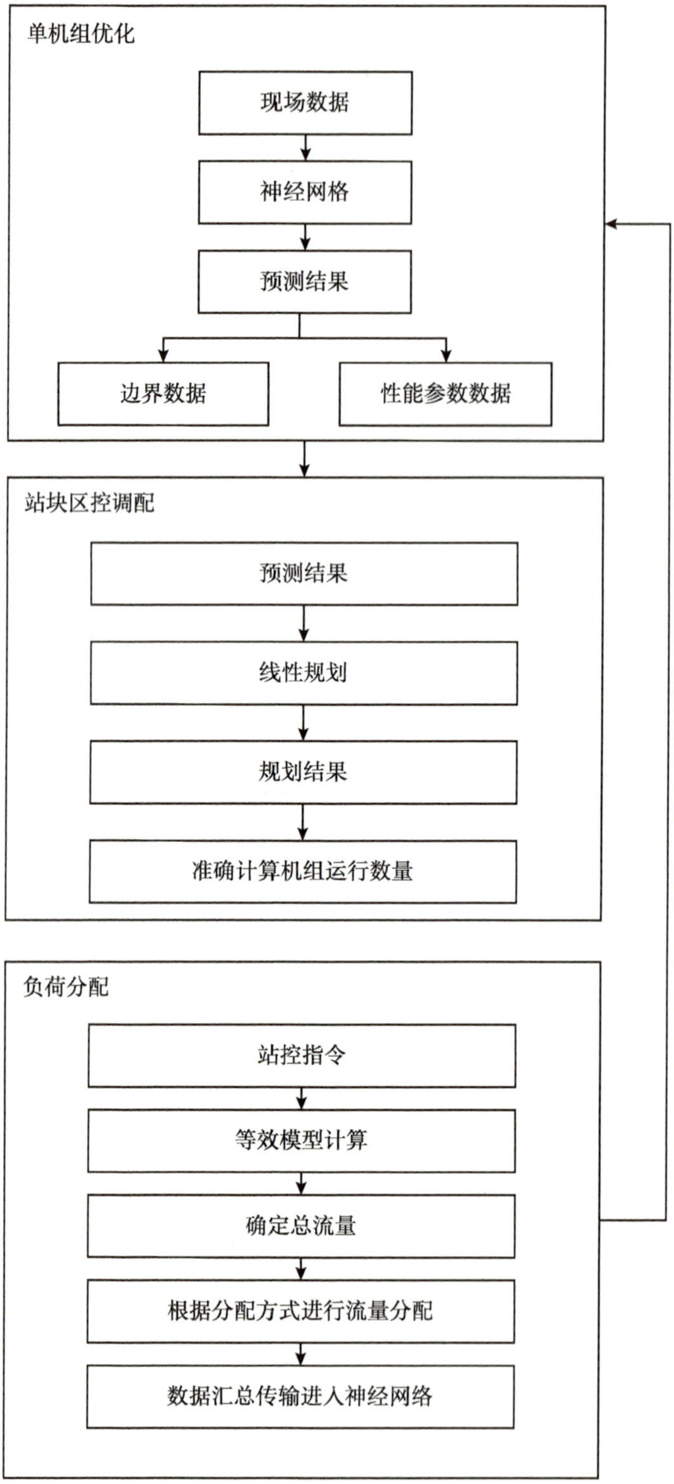

单机组优化
现场数据
神经网格
预测结果
边界数据
性能参数数据
站块区控调配
预测结果
线性规划
规划结果
准确计算机组运行数量
负荷分配
站控指令
等效模型计算
确定总流量
根据分配方式进行流量分配
数据汇总传输进入神经网络

图 2　技术方案流程图

等。第二层之后为隐含层，最后一层为输出层，输出层数据包括压缩机的喘振边界、阻塞边界、功率、转速等。神经网络中的每个神经元节点接受上一层神经元的输出值作为本神经元的输入值，并将输入值传入下一层，输入层神经元节点会将属性值直接传递给下一层，通过引入非线性 Sigmod 与 Relu 函数作为激活函数，使网络的表达能力更强。最终分别搭建了模型参数如表 1 所示的神经网络用于压缩机转速、功率、喘振边界、阻塞边界的预测。

表 1　网络模型参数表

神经网络模型	转速	功率	喘振边界	阻塞边界
输入层	5	5	4	6
隐藏层	5	5	4	6
输出层	1	1	1	1
优化算法	Adam/SGD	Adam/SGD	Adam/SGD	Adam/SGD
学习率	0.01	0.05	0.05	0.01
数据归一化	√	√	√	√
激活函数	Relu	Relu	Relu	Relu

四是实现“智能”学习与更新。采用监督学习的方式将整理的训练集传输神经网络进行“AI 运算”，将预测结果与实际结果之间的误差反向回传，整体训练流程如图 3 所示

采用 Adam 与 SGD 优化算法在各传输层之间不断梯度更新，为防止梯度更新幅度过大陷入局部最小值，通过设置学习率设置为 0.01 及随机动量脱出优化方法，达到关键参数的“自我学习”，直至预测结果与实际结果小于设定误差。因此得到的网络模型可以准确“感知”压缩机的出入口温度、压力等性能参数数据。针对不同预测参数配置不同的智能学习模型，并对压缩机实时运行数据进行在线学习，动态调整神经网络模型，实现“智能学习系统”的自我学习、更新，其中更新流程如图 4 所示。

五是实现转速和功率预测结果。结合压缩机当前状态的出口压力、入口压力、入口温度、入口流量，神经网络算法预测出压缩机工作的转速值，预测结

果如图 5 所示。再根据出口压力、入口压力、入口温度、入口流量大小及预测出的转速大小，结合功率参数预测神经网络预测出当前状态下每台压缩机的功率大小，预测结果如图 6 所示。数据显示以压缩机的原始出厂性能曲线为训练目标，可以较好地预测出转速和对应的功率值大小，进而计算后续压缩机的运行成本。

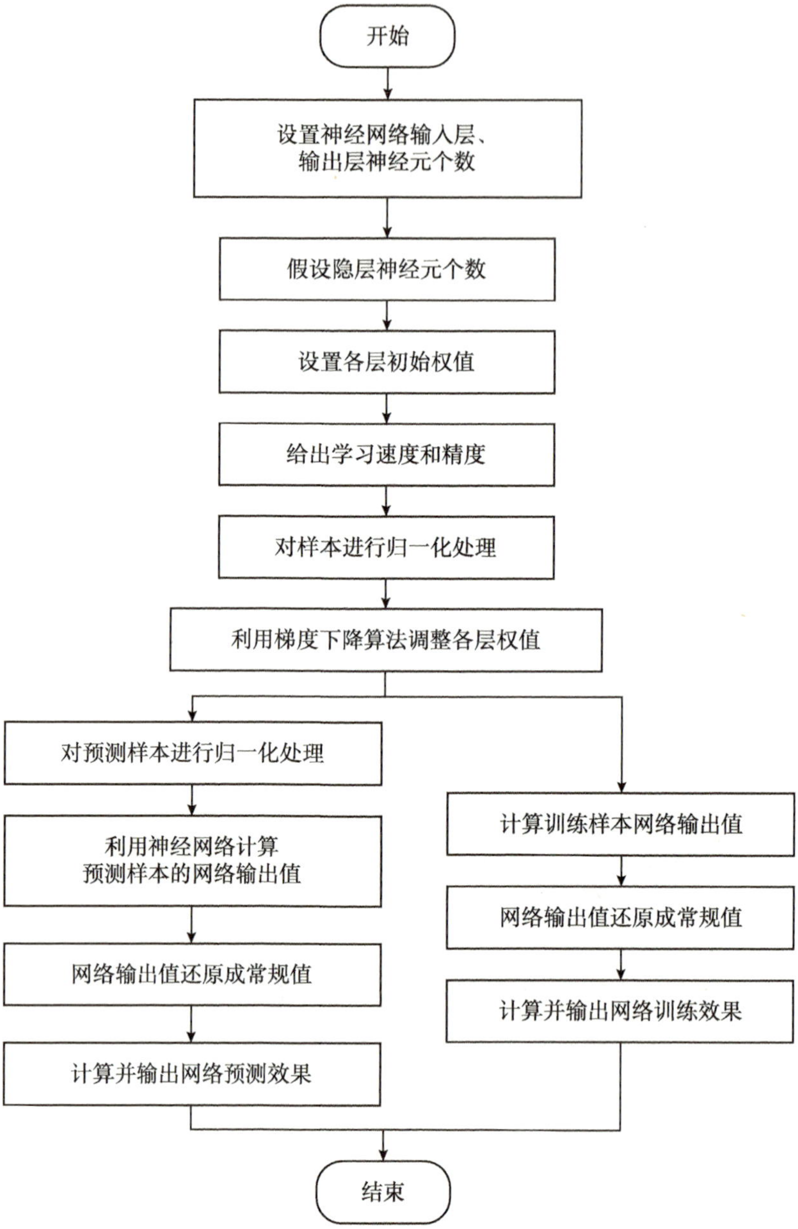

开始

设置神经网络输入层、输出层神经元个数

假设隐层神经元个数

设置各层初始权值

给出学习速度和精度

对样本进行归一化处理

利用梯度下降算法调整各层权值

对预测样本进行归一化处理

利用神经网络计算预测样本的网络输出值

网络输出值还原成常规值

计算并输出网络预测效果

计算训练样本网络输出值

网络输出值还原成常规值

计算并输出网络训练效果

结束

图 3　神经网络训练流程图

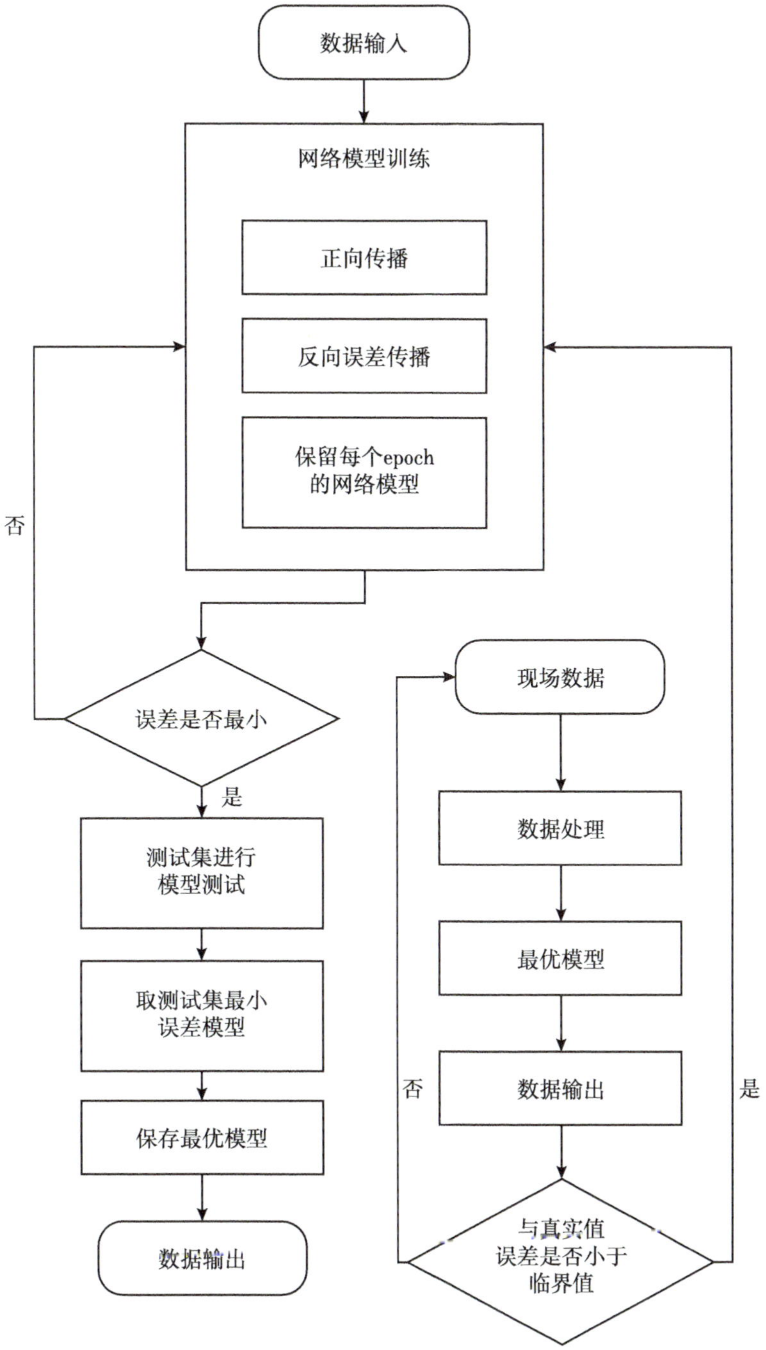

数据输入

网络模型训练

正向传播

反向误差传播

保留每个epoch的网络模型

误差是否最小

否

是

测试集进行模型测试

取测试集最小误差模型

保存最优模型

数据输出

现场数据

数据处理

最优模型

数据输出

与真实值误差是否小于临界值

否

是

图 4　在线更新流程图

六是实现安全工作区域的预测。在满足安全生产的前提下，采用可变极限流量法对压缩机的喘振边界进行预测。输入变量为出口压力、入口压力、入口温度及预测出的转速，由于实际工况喘振数据难以获取分析，因此数据采用原始的出厂性能曲线并进行实验，喘振边界、阻塞边界的预测结果如图 7、图 8 所示。由预测结果可知，神经网络算法可以较好地预测出不同工况下的压缩机的安全工作区域，为实现“安全压气站”这一目标奠定了坚实基础。

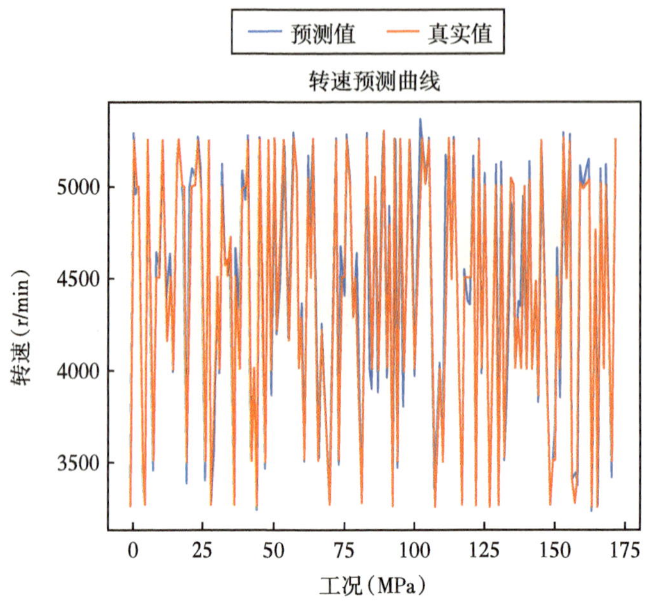

图 5　转速预测曲线

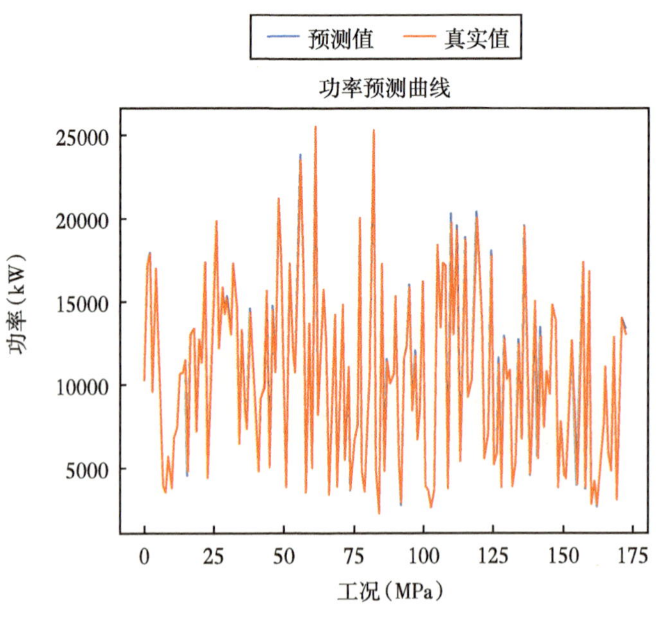

图 6　功率预测曲线

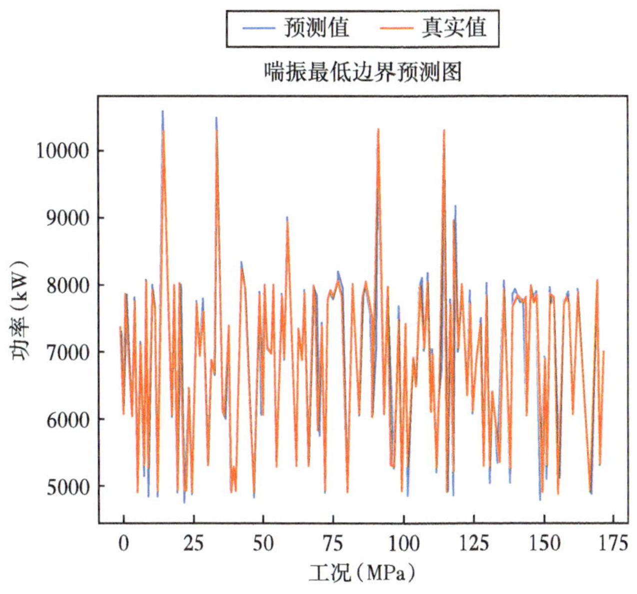

图 7　压缩机喘振边界预测结果图

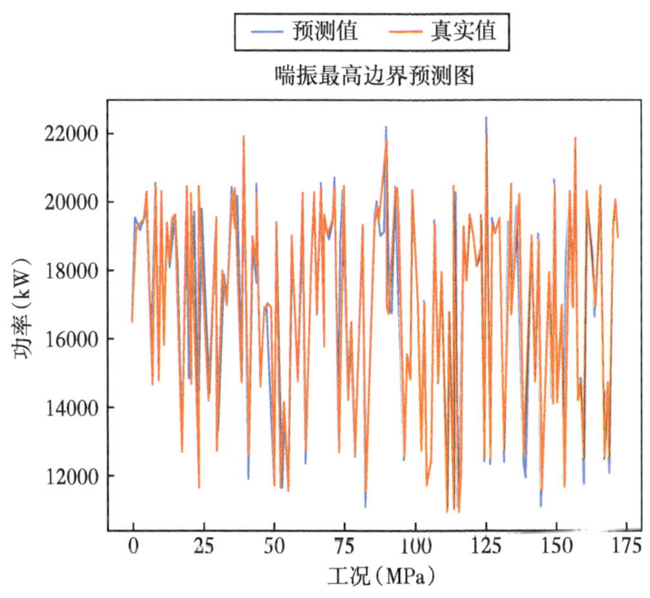

图 8　压缩机阻塞边界预测结果图

七是建立最优启停数量方案。负荷分配算法总体策略是根据湍流状态下可压缩流体的基本流动模型计算出设定压力下的总流量大小。在已知总流量的情况下，根据不同压缩机的工艺参数，采用等距负荷分配策略。等距负荷分配算法的优势是可以使两台并联运行的压缩机运行在距防喘线等距离的工况下，这样有利于吸收工艺波动引起的运行不稳定。根据压缩机流量的分配策略结合管网状态计算出的流量大小，进而确定每台压缩机的工作状态，再根据喘振与阻塞边界进行分配，确定每台压缩机工作的进口流量值，根据策略流程图进行成本核算，确定在满足工业需求与安全的前提下，计算出最小的压缩机开启功率策略，过程如图 9 所示。

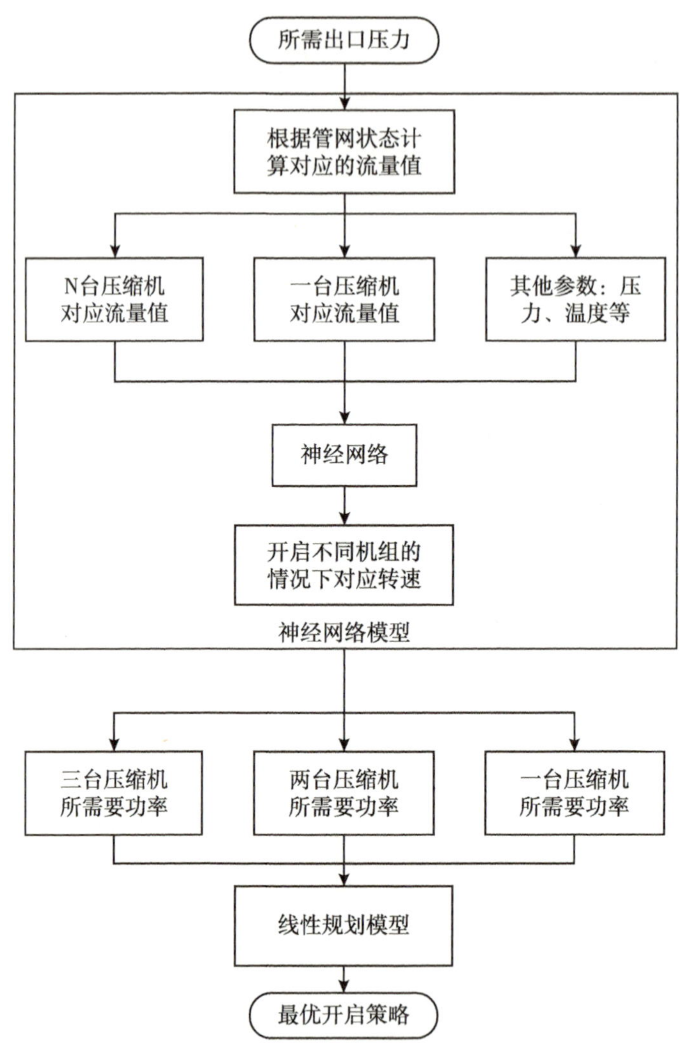

图 9 分配策略流程图

八是进一步提升人机交互。建立了完整的人机界面，实现了组态与智能学习算法的数据交互，并将工况数据、性能曲线、性能参数预测结果、机组最优运行建议可视化，实现智慧运维。实现仿真系统与托克托压气站现场的数据实时交换。通过 OPC 服务器、HTTP 服务器的配置，在 Python 环境中实现了两个系统的数据实时交互。压缩机预测工况界面如图 10 所示，显示分配后压缩机的参数状态，其中绿色点代表当前状态下的预测工作点，红色点为实际工作运行点。运行建议界面通过对出站压力进行设定，显示实际运行工况与建议运行工况，并将开启不同数量的压缩机信息显示在界面上，总体画面如下图 11 所示。

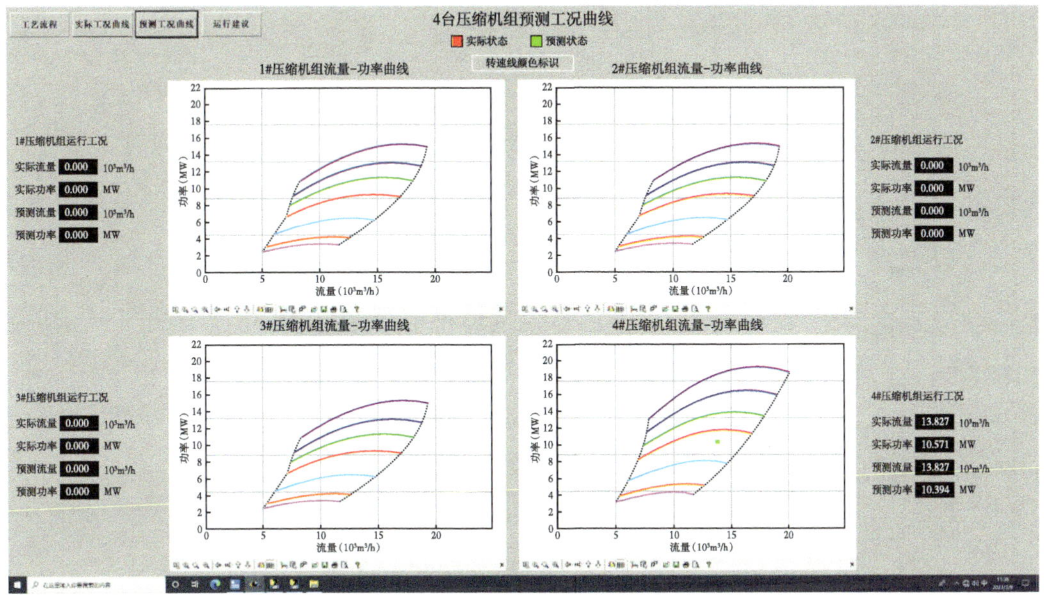

图 10　流量—功率曲线界面

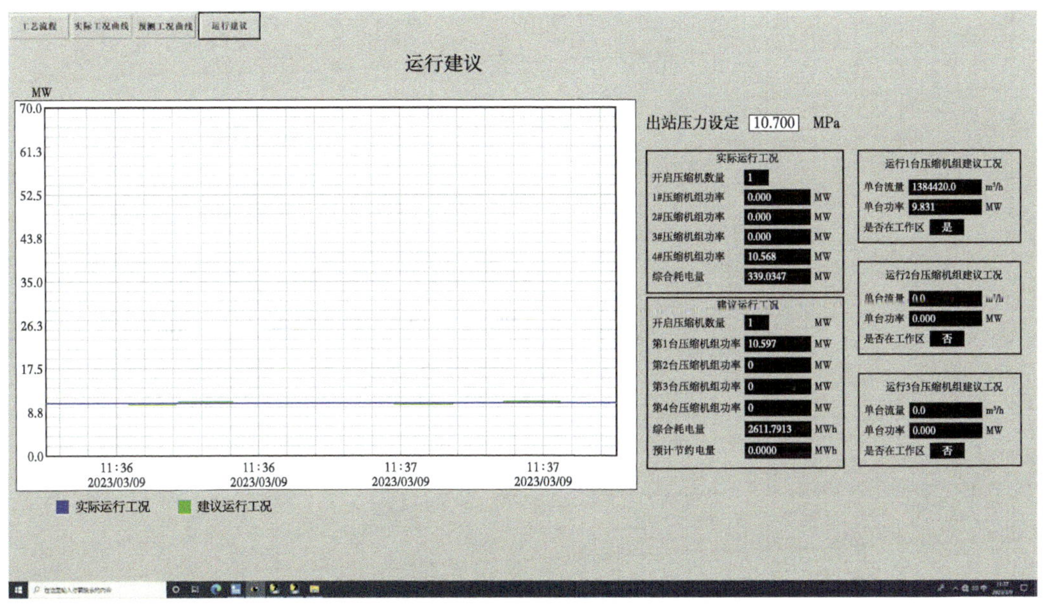

图 11　运行建议界面

三、持续应用及迭代，推进输气干线压气站少人、无人值守

21 世纪以来随着人工智能技术的迅速发展，智能压气站也有了更多的新思路，本项目在托克托的试运行使理论和仿真用于实践，运行的实践证明了人工智能在智慧管道中大有可为。随着 AI 技术的更迭，本项目也需要进一步拓展，不断提高适应能力。

我国天然气长输管道在“十二五”“十三五”期间得到了快速发展，已经形成了陕京天然气管道系统、西气东输管道系统等多个规模较大的干线管道系统，并且已建成冀—宁线、中—贵线、兰—银线、中—靖线等多条天然气联络管道，以及西北、华北、东北、长三角、珠三角和川渝地区等多个区域性天然气管网。天然气管道调运工作也由单条管道向管道系统转变，由单个管道系统向天然气管网转变，由区域性管网向国家基干管网转变。未来，在保障国家能源安全的主战场上，国产压缩机组压气站还将大幅增加，本项目推广的市场前景巨大。

管道仿真技术、掺氢输送技术、新技术新材料等应用实践

碳达峰和碳中和是我国能源发展面临的重大挑战，氢能作为潜力巨大的清洁能源载体，将成为达成“双碳目标”的重要选择。目前我国氢能产业正步入发展快车道，城镇地区用氢需求将不断提升，如何实现氢能的规模化经济、安全输运是制约氢能发展的关键问题。在众多氢能输运方式中，管道输氢在大规模长距离输氢中具有其他方式不可比拟的优势。国际氢能委员会在 2021 年公布的调研结果显示，纯氢长输管道的建设成本约为天然气管道的 2~3 倍，而改造现有管道所需的投资仅为建造一条新管道的 10%~30%。当前，全球天然气管道总建设里程约为 127 万千米，其中我国天然气管道总长约 8.6 万千米，已基本形成贯穿全国的天然气输送系统，将氢气掺入现有的天然气管道进行输送将能大幅降低氢能输运成本，并提高现役管输系统的利用率。

陕京一线作为向首都北京供气的天然气长输管道系统，整个管输系统相对独立，具备实现天然气掺氢输送的良好条件。从管输系统自身特点而言，陕京一线为 X60 管材，其钢级相对较低，与氢气相容性较好，管线输送压力适中（4MPa），且沿线压缩机已停止运行，大大降低了管输系统适氢改造的复杂程度，前期《在役天然气管道混氢输送适应性研究》项目对 X60 钢在低含氢（3% 或 5% 及以下）条件下的管材、安全和工艺等方面进行了评价研究，初步研究结果表明陕京一线具备良好的掺氢输送基础；在上游氢源供给方面，陕京一线途径的陕西、山西和河北各地均有丰富的氢源分布。不完全统计，距离陕京一线 50 千米内的绿氢氢源产量达到 28 亿立方米 / 年［中国西部氢谷（榆林）氢

能产业园项目（12 亿立方米 / 年）、大同风能、太阳能项目发电项目（16 亿立方米 / 年）]，而陕京一线输气量约 15 亿立方米 / 年，掺氢氢源充足。在管输系统下游氢能消纳方面，根据北京市氢能发展实施方案（2021—2025 年），到 2023 年，全市氢燃料电池汽车及燃料电池发电系统用氢量将达到 50 吨 / 天，相较而言，陕京一线按 5% 混氢比折算的氢气输送量约为 40 吨 / 天，考虑到未来在建筑供暖、半导体制造等领域的氢气消费需求，通过陕京一线管输系统输送的氢气可以被充分消纳。

尽管管道输送氢气是最具经济性和安全性的方式，然而钢质管道内部输送介质中的氢分子可以吸附于管道内壁，分解成氢原子后可进入钢质管材内部，导致管材韧性损失或形成裂纹，引起管材氢脆，极易发生脆性断裂。为了确保陕京一线管输系统掺氢输送的安全可靠，系统研究管道在掺氢条件下的氢脆行为，弄清氢脆的影响因素及作用机制，针对目标管道管输系统特点，确定现有天然气管道掺氢输送的边界条件，尤为必要。

一、助力双碳目标，集团立项研究在役天然气掺氢输送关键技术

集团立项开展在役天然气管道掺氢输送关键技术研究。前期的《在役天然气管道混氢输送适应性研究》项目已经明确了陕京一线具备良好的掺氢输送基础，具有良好的上游供氢来源以及下游氢气消纳市场。但前期管材研究样本量较小，在开展掺氢示范之前需进行大样本现场取样，开展材料适应性验证试验，形成统计分析数据；服役多年的管线弯头、站内材料、设备设施密封材料等的掺氢适用性尚不清楚；同时，现有管材工艺系统适用的掺氢比例范围不清楚，需要进一步深入开展高混氢量条件下的管材及关键设备、计量、泄漏、放空等工艺系统适应性研究，为未来能源互联网的发展做好技术储备。

为助力国家实现双碳目标，2022 年 12 月，国家管网集团立项开展在役天然气管道掺氢输送关键技术研究。项目针对掺氢比例 3%~30%，压力范围 4~12MPa，口径大于 500mm 的高钢级（包括 X60，X70，X80）长输管道，重点攻克掺氢天然气管道输送工艺、管材、管件、焊缝、设备仪表以及终端应用等适用性评价技术难题，形成高压力、高钢级、大口径在役长输管道掺氢评价成套技术、核心标准，为国家管网集团推广天然气长输管道大规模掺氢输送提供理论依据和技术支撑。

项目下设6个专题：专题1：在役天然气管道管材及管道连接掺氢适应性评估技术研究；专题2：在役天然气管道掺氢输送工艺研究；专题3：在役天然气管道掺氢输送关键设备和计量系统适应性研究；专题4：在役天然气管道掺氢安全防护技术研究；专题5：在役管道掺氢输送应用终端影响分析及掺氢控制方案研究；专题6：在役天然气管道掺氢适应性方案研究。本项目构建的在役天然气管道掺氢适应性评价体系，可为后续在役掺氢管道应用推广提供指导；形成掺氢管道工程焊接及质量控制技术要求，可为后续新建掺氢管道应用推广提供指导；提出目标管道掺氢安全风险消减措施，形成目标管道混氢输送安全运行和维护技术规程，指导目标管道掺氢示范。

二、综合应用，北京管道开展在役天然气管道掺氢适应性方案研究

专题1至专题5侧重掺氢适用性评价方法、评价指标、掺氢影响规律等基础研究，专题6则基于与前面五个专题成果，针对陕京一线掺氢开展适用性验证，侧重于应用研究。北京管道负责的专题6通过梳理专题1至专题5获得的管材、输送工艺、设备、安全评估方法等适应性研究成果，从材料、工艺、安全等方面，构建在役天然气管道掺氢适应性评价体系，指导后续在役掺氢管道应用推广。基于该目标，专题6整合为6项研究内容。

线路、站内管道及设备金属材料适应性验证。针对线路、站内管道及设备典型部位进行大样本取样。针对陕京一线管输系统、5%掺氢工况，开展线路材料和站内材料验证性试验，验证试验应尽可能再现/模拟掺氢运行状况，完成金属材料材质性能测试、金属材料氢脆及开裂评价测试，其中金属材料材质性能测试包括但不限于化学成分分析、金相组织测试、硬度测试、冲击韧性测试、力学性能测试等，金属材料氢脆及开裂评价试验包括但不限于氢含量测试、氢渗透测试、慢应变拉伸测试、断裂韧性测试、疲劳裂纹扩展测试、显微镜微观分析等，试验测试方案见表1。

密封材料适应性验证。针对站内管道及设备密封材料进行大样本取样。针对陕京一线管输系统、5%掺氢工况，开展密封材料适应性验证，验证试验应尽可能再现/模拟掺氢运行状况，完成密封性测试、老化测试、抗爆测试等试验，试验方案见表2。

表1　陕京一线线路、站内管道及设备典型部位测试方案

管材类型	材质	测试内容	参考标准
线路X60钢弯管、直管、环焊缝、制管焊缝、阀门、计量设备、仪表、站内X60母材、直焊缝、环焊缝、螺旋焊缝、冷弯管、热煨弯管、三通、绝缘接头	X60	金相组织	GB/T 9711
		硬度分布	
		冲击韧性	
		化学成分	
		氢含量测试	GB/T 30074
		慢拉伸测试	ASTM G142
		断裂韧性测试	GB/T 21143
		疲劳裂纹扩展测试	GB/T 6398
		显微微观分析	/

表2　密封材料测试方案

密封材料	材料类型	试验类型	参考标准
金属密封材料	不锈钢垫片	密封试验	API 16D
非金属密封材料	石墨垫片	老化试验、抗爆试验、密封试验	GB/T 20671.4 GB/T 12385-2008 NORSOK Standard M-710 GB/T 34903.2-2017
	氟橡胶		
	丁腈橡胶		
	尼龙		
	石墨—聚四氟乙烯		
	对位聚苯—聚四氟乙烯		

安全防护技术适应性验证。确定目标管道安全防护技术适应性验证的典型场景、管段和站场，根据专题4“泄漏与扩散特征研究”技术成果，验证并确定目标管道不同条件下的掺氢天然气泄放系统安全距离。利用前述专题“在役天然气管道掺氢输送安全泄放规律研究”技术成果，对目标管道站场及干线放空系统、抑爆方案、现有天然气站房泄漏传感器和排气扇等安全装置、操作人员位置等的布置等安全防控技术进行评价，明确现有安全防护技术的适应性，并提出安全风险消减措施，形成目标管道混氢输送安全运行和维护技术规程，实施方案如图1所示。

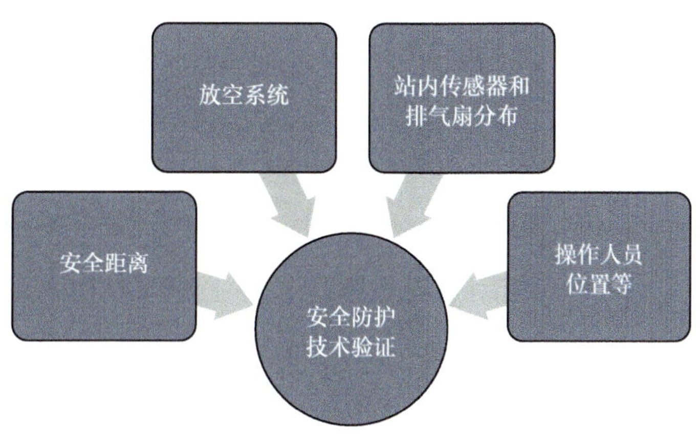

图 1　安全防护技术适应性验证实施方案

输送工艺和设备适应性验证。基于专题 2“不同掺氢比天然气工艺适应性”研究成果，评价目标管道现有输送工艺的适应性，明确目标管道输送工艺的适用性及调整措施，并形成目标管道掺氢运行建议。基于专题 3 获得的“在役天然气管道掺氢输送关键设备和计量系统适应性”研究成果，对目标管道压缩机、管道阀门、计量系统等的适应性进行评价，明确关键设备掺氢适应性，提出输送工艺和设备改造建议，形成目标管道掺氢运行方案，实施方案如图 2 所示。

图 2　输送工艺和设备适应性验证实施方案

含缺陷混氢管道安全评定技术研究。含缺陷混氢管道的安全评定方法与常规油气管道不同。考虑到氢对管材性能劣化的影响机制，诸如环焊缝的根部未焊透等缺口类应力集中缺陷与裂纹型缺陷的安全评定因与材料的断裂抗力直接相关，故而氢对这类缺陷的安全评定方法的影响需要进行深入的分析研究。基于专题 1 和专题 4 研究成果，结合前期管道内检测数据，研究体积型和裂纹型缺陷管道在 5% 混氢比例下的安全评定技术，明确含缺陷管道在静载荷、动载荷条件下容许缺陷尺寸，研究极端情况 / 特殊情况的材料服役安全问题，形成目标管道线路掺氢改造建议，试验测试方案如表 3 所示。

企业标准草案撰写。研究国内外氢脆相关测试标准，结合前期项目测试方法经验，明确掺氢天然气钢质管道慢应变速率拉伸试验方法，形成《掺氢天然气钢质管道慢应变速率拉伸试验方法》企业标准草案。从管材相容性角度和含缺陷管道安全评定角度，研究国内外氢气管道和压力容器安全评定相关标准，梳理和分析文献中现有管线钢材料在掺氢环境下的相容性、缺陷管道的安全评定方法，结合前面专题研究成果，形成《掺氢天然气钢质管道适用性评价方法》企业标准草案。

表 3　含缺陷混氢管道安全评定技术研究测试方案

缺陷类型	缺陷尺寸	载荷类型	测试项目	安全评估方法
裂纹型	不同裂纹长度	静态 / 准静态载荷	断裂韧性测试	FAD 安全评估、有限元分析
		动态载荷	疲劳裂纹扩展测试	
体积型	不同缺陷尺寸（环向、轴向、深度）	静态 / 准静态载荷	断裂韧性测试	有限元分析
		动态载荷	疲劳裂纹扩展测试	
极端 / 特殊情况的材料服役安全问题（压缩机出口管段、B 型套筒修复点）			疲劳测试	有限元分析

本项目所形成的在役管道混氢输送适用性评价技术体系，将应用于混氢气体输送管道装备以及管材的选用和安全评价，并在以后的管道混氢输送工程中推广应用，为混氢输送管道建设和运行安全提供技术保障，并为我国氢能的大规模管道输送提供技术储备。同时，本专题的目标管道掺氢示范应用研究成果，可产生良好的社会效益和经济效益。